高熱隧道の向こうへ

黒三ダムと朝鮮人労働者

堀江節子

桂書房

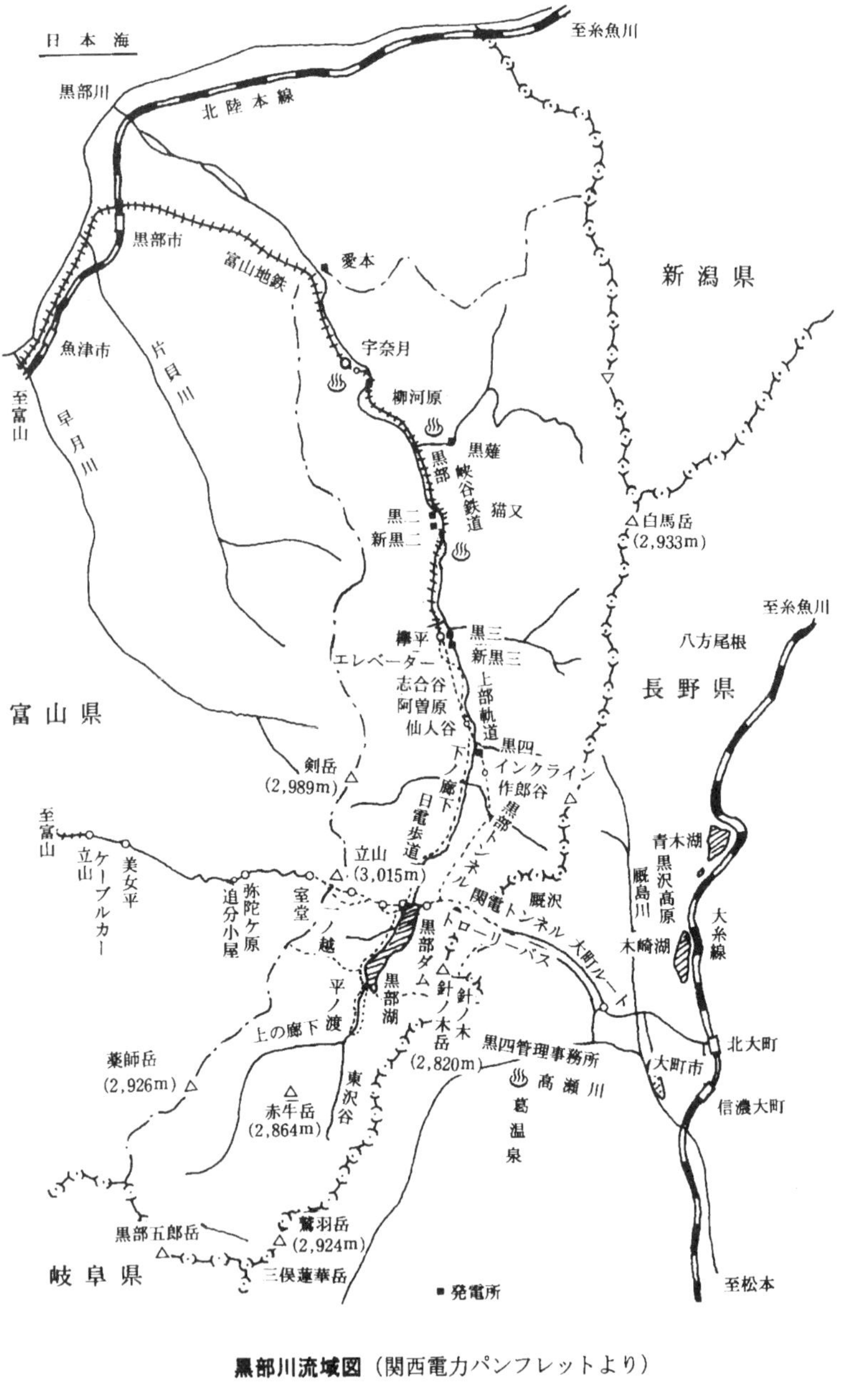

黒部川流域図（関西電力パンフレットより）

はじめに

富山の近代化は、ツルハシとスコップとダイナマイトを手に、泥にまみれて最底辺で働いた朝鮮人労働者抜きには考えられない。多くは土木作業員として働いていたが、富山の特徴として電源開発の現場で、最も危険な工事に従事していた。

第二次大戦以前の電源開発は植民地支配と戦争がなければ進展しなかった。黒部川では、柳河原発電所、小屋平ダム・黒部川第二発電所（「黒二」）が造られていった。なかでも仙人谷ダム・黒部第三発電所（「黒三」）は、日中戦争が本格化する一九三六年（昭和一一）秋に着手され、四年の歳月をかけて一九四〇年末に完成した。満州事変から太平洋戦争に至る時代、関西では軍需物資を生産する電力が不足したため、建設は国策事業として突貫作業で進められた。隧道（トンネル）ひとつ掘るにしてもすべて人力だった時代、岩盤に削岩機で穴を穿ち、そこにダイナマイトを入れて破砕し、砕けた岩をトロッコに載せて運び出すという危険な作業が限りなく繰り返された。いまも軌道隧道の岩肌に残る削岩機の跡が困難だった工事を物語る。日本人労働者が兵役で工事現場を離れるなか、そのあとを担ったのが当時植民地だった朝鮮からの労働者だった。

一九四四年の富山県の機械工業生産額は全国六位。内陸部と富山港を直結する富岩運河が造られ、運河沿いにはアルミ工場、兵器工場、造船所などの軍需工場が建ち並んだ。運河造成、工場建設、さらに工場労働者として朝鮮人が強制動員された。終戦時、県内には二五〇〇〇人の朝鮮人がいたと『富山県警察史下』は記す。

二〇一八年夏、突然、一人の女性が我が家を訪れた。熱い空気が滞留する朝だった。

「堀江さん、いますか？ 私は朴垠貞（パク・ウンジョン）といいます」

風を入れるために開け放った玄関から声がして、そこにパクさんがいた。顔も名前も知らなかったが、「底方《そこい》の声」と「韓国から来た」というので、とりあえず中に入ってもらい、話を聞いた。

自分の国と日本との関係が悪くなっていることが心苦しい。何か自分にできることはないか？と考えていた。あることがきっかけで、富山にいたころにもらった『黒部・底方の声』（以下『底方の声』）を思い出して、本棚の奥から取り出して読んでみた。そして、「翻訳は、私の使命だ！」と思った。国と国はどこまでも利害関係にすぎない。しかし、人と人の関係は、国という枠にとらわれない。韓国や朝鮮人について知られていない事実を掘り起こした日本人がいたことを書きたいと思った。そのような日本人女性の視線で歴史を追いたい。そして、それを韓国でも知らせたいと話した。

青天の霹靂とはこのことだった。私も日韓関係が問題を抱えていることを考えると気持ちが沈んだ。しかし、国レベルの政治や外交のことなので、私、個人に何かができるという発想はなかった。朝のぼんやりした頭ではパクさんが具体的に何をしたいのかも理解できなかった。午後には帰国するというので、その日はそこまでにして、たまたま九月に韓国での研修旅行を予定していたのでソウルで会う約束をして別れた。

ソウルで再会して話を聞くと、友人二人とともに『底方の声』全訳をめざしていること、またパクさんの意思は固いことがわかった。それなら、彼女たちの思いに応えて、私も何かしなければならないと背中を押された。あれこれ考え、絶版になっている『黒部・底方《そこい》の声―「黒三」ダムと朝鮮人労働者』を自分の視点で書き換え、その後の出来事を書き加えることにした。

『黒部・底方の声』は、おおよそ三〇年前、富山県内に住む、私を含む三人の女性が記した歴史書ともドキュメンタリーともつかない本である。「黒三」建設と当時の朝鮮人労働者の過酷な労働実態をまとめたもので、題名は峡谷の奥底から聞こえる、故郷へ帰ることができなかった朝鮮人労働者の声を聴いてほしいとの思いでつけた。本は、一章「黒部川第三発電所の建設」此川（山本）純子、二章「朝鮮人遺族たちの半世紀」堀江節子、三章「富山県における朝鮮人労働者―「強制連行」前史」内田すえの三者による、三つの章で構成される。

日本の敗戦により解放された朝鮮の人たちの多くは故郷に帰り、また多くは日本に残った。戦後混乱期や朝鮮戦争の時期に再び戻った人もいた。一九八〇年代になり、黒部川電源開発ゆかりの朝鮮人（韓国人）飯場頭の子弟が第二の故郷ともいえる富山を訪れるようになった。奇しくも三人のそうした韓国人男性と知り合い、話を聞くことができた。そうした私しか知らない話を伝える責任も感じていた。さらに、戦前の植民地支配や強制動員に関

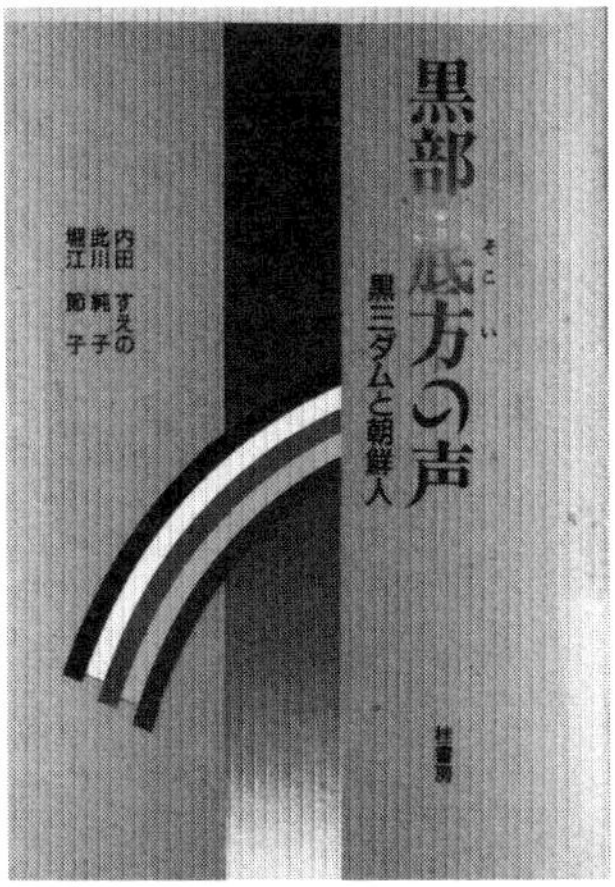

心を持つ人たちだけではなく、地域に暮らす人たちや黒部峡谷を訪れる内外の観光客・登山者に、峡谷の自然美に加えて、電源開発の歴史に触れ、工事に携わった朝鮮人の物語に心を寄せてほしいと願っている。

今日、植民地支配や戦争については史実が継承されず、否定・改ざんされ、被害者をいたぶるような右派的な言説が拡散する。そうした状況を変え、事実を事実として残したいという思いもある。一九九〇年代初頭は冷戦が終わり、戦後半世紀ということで、日本が起こしたアジア太平洋戦争の歴史を批判的に掘り起こし、検証しようという機運が高まっていた。しかし、後半には、こうした歴史認識を「自虐史観」として否定する歴史修正主義が台頭した。現在さらに、不都合な歴史をなかったことにしようと書き換えが進み、文部科学省は教科書会社に日本軍「慰安婦」や強制連行の史実がなかったとして歴史教科書を書き改めることを要求するまでになっている。こうなったら、パクさんが考えているように、政府間の関係はさておいても、自分ができる小さなことを積み上げて行くしかなさそうだ。過去の事実に向き合うことで、二つの国の共通の歴史認識を検証し、歴史に翻弄された名もない人たちの暮らしや気持ちに心を傾けることが、相互理解の第一歩になるのではないかと考える。ダム完成から八〇年も経っており、当時を語ることのできる人はすでになく、地域では語り継がれてもいない。こうしたなかだが、黒部峡谷で日本人とともに朝鮮人が働いていたという歴史の事実をいま一度掘り起こすことにした。

目次

第二章　在日朝鮮人労働運動と金泰景　もの言わぬ奴隷としてではなく……75

凡例

◇本書では朝鮮、大韓帝国、植民地下、解放後、現在の各時代をとおして、地名、民族名として朝鮮を用いた。現在の大韓民国については、「韓国」「韓国人」と略した。
◇朝鮮名は漢字で表記し、できる限り発音を付した。
◇年号は引用文中のものを除き、原則として西暦を採用した。
◇引用資料は原文のままを原則とし、旧字体などは新字体にあらためた。
◇引用文中の差別的な表現はそのままとし、本文中では初出のみにかっこを付した。
※ クレジットの入っていない写真は堀江撮影

第一章　黒部川電源開発と朝鮮人労働者

好き好んで来たのか

1　底方からの問いかけ

黒部川電源開発

黒部川は、北アルプスの鷲羽岳に源を発し、立山、劔岳その他の三〇〇〇メートル級の立山連峰と後立山連峰の間の峡谷を北に流れる、延長八五キロメートル、流域面積六八二平方キロメートルの一級河川である。幾多の支流の水を飲み込んで扇頂の愛本に至り、広大な扇状地を形成して日本海へと注ぐ。

話の舞台となるのは、峡谷への起点となる宇奈月から一八キロメートル余り上流の欅平にある黒部川第三発電所（以下「黒三」発電所）と、そのまた六キロ上流にある「黒三」ダム、ダムと発電所をつなぐ「水平歩道」と二本の隧道（軌道トンネルと導水管）の、黒部峡谷の工事場である。「黒三ダム」は「仙人谷ダム」とも呼ばれ、かの有名な「黒四ダム」の一六キロ下流にあり、発電のみを目的とする最大出力八万一千キロワットの重力式コンクリートダムである。完成時には日本最大出力を誇った。事業主体は日本電力株式会社（以下、日電）、本体施行業者は佐藤工業株式会社（以下、佐藤組）で、ダムは「日本の近代土木遺産～現存する重要な土木構造物二〇〇〇選」に選定されている。一九四〇年に完成後、一九四一年には電力国家管理法に基づき、日電から日本発送電株式会社に事業承継され、戦後一九五一年に電力再編成により関西電力株式会社に移り、現在に至る。

「黒三」ダム・発電所は、建設された時代や歴史的経緯からして、戦争の落とし子といっても過言ではない。関西の軍需産業に必要な電力を供給するために、建設は国策事業として、あらゆる妨害、困難、危険を顧みずに進められ、発電、そして関西への送電というゴールに向かった。国策事業とは、政府の強い統制下にあった電力管理法などに基づいて決められた、半官半民の特殊会社の事業の一群を指す。

よく知られる「黒四」ダム(注)は、当初から「黒三」完成後に着工する計画で進められ、二つのダムは「不二一体」のものと考えられていた。「黒三」発電所のある欅平からダムのある仙人谷までの六キロを「黒四」建設のための資材運搬ルートとするために、欅平の山中に標高差二〇〇メートルの竪坑を掘り、資材を積んだトロッコを載せたまま上方へ運び、上部軌道で仙人谷まで運ぶ計画だった。

工事は、開始後の早い時期は予定どおり進捗していた。しかし、厳冬期に度重なるホウ雪崩事故で多くの犠牲者を出し、さらには隧道ルートが高熱の温泉湧出地帯にぶつかり難工事となった。問題解決のために現場監督らはさまざまな工夫や研究を行い、労働者の忍耐と犠牲において「黒三」ダムと発電所は完成した。ところが、中国では戦線が拡大し、戦果が上がらないまま、建設資金や人員、資材の調達が思うようにできなくなった。そのため、戦前の「黒四」の着工は見送られることになった。大戦後の一九五六年、朝鮮戦争特需で関西の電力が不足したことから着工が決まり、一九六三年に完成、その後の高度経済成長に寄与したとされる。

(注) 正式名「黒部ダム」は、富山県東部の黒部川に建設された水力発電専用のダム。総工費五一三億円(当時の関西電力資本金の五倍)、業員延べ人数一〇〇〇万人超、労働災害による殉職者は一七一人。ダム湖は黒部湖。アーチ式コンクリートダムで貯水量二億トン。発電所とダムとの落差五四五メートル。最大発電量三三万五千キロワット。電気事業者は関西電力。

電源開発の歴史

黒部川は、中・下流は扇状地、上流は黒部峡谷と呼ばれる急峻なV字谷となっており、古くから人が足を踏み入れることができない秘境として恐れられてきた。江戸時代には加賀藩が国境警備と森林管理のために立ち入りを禁じ、黒部奥山廻りの役人が見回っていた。明治時代になって一般に開放されたが、やすやすと人を受け入れる谷ではなかった。やがて、ウェストンなど外国人登山家などが探検に来るようになり、日本人の登山家たちも黒部を目指すようになって人の出入りは増えた。なかでも冠松次郎は有名で、精力的に谷を探検したことで、「黒部の父」と呼ばれている。

大正期に入り、工業の進展とともに電力事業が興り、黒部峡谷は発電に格好の地形と年間雨量四千ミリメートルといわれる多雨多雪の気象条件により電源開発適地として注目を浴びはじめた。

戦後1963年に完成した黒部ダム

いち早く黒部川電源開発に注目したのは、福沢諭吉の養子の福沢桃介だった。一九〇九年に調査に入ったが、あまりに急峻な地形だったことと、別の事業を始めたことから手を引いた。また、三井鉱山が神岡鉱山の鉛精錬のために水利権を出願するなど、多くの企業が水利権を得ようと競っていた。

だが、実際に大規模な調査と開発が行われたのは一九二〇年代になってからだった。一九一七年、タカジアスターゼの発見者として知られる高峰譲吉が、アルミ精錬の電源を求めて黒部川の水力発電の可能性に注目して調査に乗り出した。一九一九年にはアメリカのアルコ社と共同で東洋アルミナムを設立、富山湾に面する良港、高岡銅器の加工技術、水力発電による電力、豊富な労働力を結合してアルミ産業を興すという壮大な計画を立てた。一九二〇年には欅平から上流へと水平歩道の開削を開始、一九二一年には電源開発と地域開発を同時に進めるために黒部鉄道株式会社を起し、建築資材と人員を運ぶ軌道計画を立てた。一九二二年には宇奈月をリゾート地として開発する黒部温泉会社を発足、一九二三年には県中心部の富山市から宇奈月まで鉄道が開通した。

しかし、第一次世界大戦後の不況のさなか一九二二年に高峰が亡くなると、東洋アルミナムはアルミ事業を断念し、黒部水力株式会社と改称して電源開発事業を縮小し、温泉開発計画も白紙に戻して、株式は日本電力株式会社（現・関西電力）に譲渡された。富山県のアルミ産業の発展という高峰の壮大な夢の実現は、戦後を待たなければならなかった。（高峰譲吉博士研究会「黒部奥山をひらく」）

柳河原発電所　出典「図説近代日本土木史」

日本電力株式会社（通称「日電」）だが、一九一九年一二月一五日に設立され、宇治川電気の林安繁とその親会社大阪商船の社長である山岡順太郎が、開発の進んでいない北陸地方の河川に水力発電所を設置し、高圧電線によって関東・中部・関西方面の大規模需要家に電力を供給することを計画していた。黒部川電源開発を引き継いだ日電は、さっそく一九二三年九月に宇奈月―猫又間一二キロの軌道の開削に着手、上流へと調査を進めた。さらに、「黒四」へのルート開発として日電歩道の開削に取り組み（一九二九年完成）、翌一九二四年には柳河原発電所工事を開始した。猫又で取水口工事に取り掛かり、洪水やホウ雪崩(注)などの自然災害に阻まれながらも、三年後の一九二七年に黒部峡谷最初の発電所が運転を開始した。

（注）一九二七年一月二九日大谷付近冬営中の日電飯場がホウ雪崩で倒壊、三五名が命を奪われた。翌月にも清水の日本工業飯場四棟倒壊、四名の死者を出し、県保安課が実地調査の結果危険と認めて奥黒部の飯場に避難命令を出した。

日本の近代化と朝鮮人労働者

日本は、明治維新以前から海外への侵出を志向し、「富国強兵」策を取り、産業の近代化を図り、強い兵を育てることに邁進した。同時に、朝鮮半島の李氏朝鮮に対しては開国直後から江華島事件など挑発を重ね、漸次兵士や人員を送り込んでいった。日清戦争（一八九四―一八九五）では中国を排し、さらに、日露戦争（一九〇四―一九〇五）でロシアを追いやり、一九〇五年一一月一七日 第二次日韓協約を結んで外交権を奪い、日本の保護国とした。一九一〇年には「韓国併合」条約を結んで植民地とし、その後朝鮮を兵站基地として中国、東南アジアを侵略した。この間、主要エネルギーは蒸気から電気へと変化し、電源開発は欠かせない国家事業となった。

現代のように機械化されてない戦前の工事場において何より必要なのは、スコップとツルハシを持った労働者だった。日本の農村の余剰人口が建設労働者となったことはいうまでもないが、一九一〇年代後半からは植民地となった朝鮮半島から零細農民が「移入」された。教育を受けていない貧農層が大多数で、日本語が話せないので、仕事といえば鉱山、炭鉱、土木工事現場での肉体労働が主だった。

富山県内でも、電源開発や鉄道敷設、道路建設・改良工事、河川改修工事などの現場で朝鮮人労働者が見られるようになった。一九一七年からの神通川上流の庵谷の道路拡張工事、立山砂防工事（常願寺川の上流にある立山カルデラは度々崩壊して多量の土砂流出があり、現在も工事が続く）などに従事したことが新聞でわかる。また、立山砂防工事には一七二名を雇い入れたが、「立山砂防工事の鮮人四〇名、針の木越して逃亡」と道なき道を長野県側に逃亡しており、それまでにも上陸した敦賀港で二〇数名の逃亡者が出ていた。さらに、帰国に際して請負人がお金を持ち逃げした。労働者受け入れの当初から植民地の人たちをいかに差別し、ひどい待遇をしていたかがわかる。（「北陸タイムス」一九一八年八月六日）

黒部周辺では関東大震災があった一九二三年からの黒部鉄道第二期工事でも働いていた。付近の婦女子が山仕事に行くところを脅したり、手当たり次第に物を窃収したりするので云々と「鮮人警戒」の見出しの記事（「北陸タイムス」一九二三年五月一日）がある。また、新潟から逃げてくる朝鮮人の記事が多数あり、受け入れの影響を考察している。「県内へ流れ来る鮮人労働者今では二、三百人　為に労働賃金も自然緩和」（「北陸タイムス」一九二三年五月五日）と、よく働くが賃金が安く、今後水電工事場で人数が増えれば地域の日本人労働者の賃金が低下すると書いている。この年には県内で三千人、黒部だけでも千数百人の朝鮮人が働いていた。新聞の書きようも偏見をあおるものだが、全国的にもこの前後に朝鮮人が急激に増えたことで社会不安がもたらされ、関東大震災での朝鮮人虐殺につながったのだろう。

一九二〇年代後半、岐阜県北部飛騨地方では、神通川上流宮川筋の蟹寺発電所工事に二千人以上、そして岐阜県県境の現高山線の飛越線工事にも千人単位で朝鮮人労働者が従事していた。労働者の数については内務省「社会運動の状況」にもあるが、統計では一九二六年の三三七五人を除いて一千人台になっており、新聞の人数とは隔たりがある。工事の進捗状況や季節による移動性が高いためだが、新聞記事のほうが時々の実数を示していると考えられる。

工事があれば集められ、終われば解雇される。冬になると雪深い現場では工事が中断され、大量の失業者が出た。本国や日本の各地から集められた労働者は日本語が理解できず、集団で列車を使って移動したため、駅などで群がったり野宿したりするので危険視された。「鮮人」と差別され、過酷な労働と劣悪な生活環境にあったうえ、低賃金に加えて不払いや事故の補償金、死亡者の葬儀料が支払われないことも多くあった。やがて、工事現場の安全確保なども要求してストライキを行ってでも雇用する組と交渉するようになり、自らの権利に目覚め、労働運動が盛んになっていった。さらに一九二二年には日本共産党が結党されて、民族的自覚をもち、暗に朝鮮独立をめざす組合が作られ、オルグによって争議が組織されるようになった。一方、融和策に協力する団体なども数多くつくられ、双方の対立抗争が激しくなった。

だが、それも一五年間余りのことで、日中戦争が始まると、皇民化政策により「内鮮一体」のスローガ

1925年８月、柳河原発電所を見学した岡正雄県知事一行。同知事は電源開発に理解を示し、積極的に協力した　出典「越中の群像」

ンのもと、一九四〇年には協和会がつくられ、会員にならなければ生活できないようにされて戦争協力を強いられた。さらに、太平洋戦争が始まると、日本人男性は次々と徴兵されて中国や東南アジア、南太平洋の戦地へと送られた。そのあとを埋めたのが、募集や官斡旋、徴用などで朝鮮から強制的に労務動員された朝鮮人だった。

「黒二」建設と自然保護

電源開発は、日本の戦争遂行に随伴して進められたといって過言ではない。

第一次世界大戦後、戦勝国となった日本は、他のアジア諸国より先に近代化を成し遂げており、欧州商品のアジア市場不在の隙をついて、日本製品がよく売れて好景気が生じた。だが、それも束の間、欧州の復興により日本の好況は終息し、戦後恐慌（一九二〇年）、震災恐慌（一九二三年）、金融恐慌（一九二六年）、そして一九二七年の昭和恐慌と次々に景気後退が起きた。同年一二月一七日の北陸タイムスには「不況のどん底に落込む宇奈月　日電の一部工事完成と土工解雇で（カフェーや旅館の）廃業夜逃が続出して目も当てられず」の見出しの記事がある。「内鮮土工一三七八名を一時に解雇」で宇奈月は大打撃を受けたが、朝鮮人労働者は静岡、愛知、兵庫の各県へ移動することになり紛争などはないと、平穏を報じる。

さらに一九三〇年には世界恐慌が日本に波及したため、この間の産業の停滞により電力は供給過剰となり、ダム・発電所建設計画は棚上げになった。しかし、一九三一年の満州事変以降、翌年には満州国を建国、日本軍は中国内陸部へと侵攻した。戦争に伴う軍需品生産増強により恐慌は収束して、今度は逆に電力不足に陥った。そのため、新聞紙上では家庭用電気の使用制限強化や電力の国家管理化の是非が論じられ、経済面では電気会社の株式募集の状況や株価の動きが頻繁に取り上げられた。

「黒二」（小屋平ダム）は早期着工が期待されていたが、実際には柳河原発電所完成から五年後の一九三三年の着工となった。遅れた理由には景気停滞もあったが、いま一つは景観保護問題だった。完成した軌道は登山者にも供されるが、その登山者が電源開発は黒部の秘境を破壊するとして開発に反対を唱え始めたのだ。無計画にダム・発電所を造れば、景勝地がダムの底に消え、峡谷の水が無制限に発電所水路に消え、黒部峡谷は枯死してしまうと、一九二五年に「黒二」建設計画が出されたころから自然保護運動が活発となった。当初の計画では景勝地・猿飛峡の直下にダムが造られることになっていたが、それでは猿飛の景勝が水没すると自然保護団体から景観保全の声が上がった。そのため、ダムを原計画地点から九八〇メートル下流に移動し、高さも六メートル下げることにして、毎秒一・三九立方メートル以上の観光放流を行うことを義務付けた。下流地域の市町村も風致問題から建設を反対していたが、工事が止まると経済的損失が大きくなることがわかり、態度を一変して工事促進の陳情を行った。一九三一年に国立公園法が施行され、一九三四年に中部山岳国立公園に指定された前後のことであった。

一九三一年一一月に工事実施認可が下されたが、営林署はさらに風致保全の調査を続け、ようやく一九三三年六月七日に黒部川第二ダム工事は着工された。三年半後の一九三六年一一月に完成、最大出力六万五千キロワットの電気が関西に送られた。猫又に造られた黒部川第二発電所は国立公園内ということで景観に配慮、デザインは日本近代建築を代表する建築家である山口文象である。

多発する事故

富山県内では水力発電工事が始まって以降、工事現場での人身事故は爆発的に増えた。下表は一九二〇年代後半に起きた朝鮮人労働者が関係する事故だけをまとめたものである。黒部川、片貝川、常願寺川（真川、・粟巣野）、神通川、庄川などの水電工事と飛越線工事が多く、岩石の崩落で生き埋め、谷への転落、ダイナマイト爆発などである。当時の新聞は、「吸血日電の蹂躙に　呪はれた電気王国　県内に漲る怨嗟の声を聞け　咄、この人非人の集団！」（「北陸タイムス」一九二六年六月一三日）など、電源開発を批判する記事が幾度となく連載された。それでも、満州で戦争が始まり、景気がどん底になるなかで「黒二」工事は始まった。

「黒二」の着工から二年、「本県発電工事場の死傷、おどろくなかれ一六〇〇名、それも一月から五カ月の間」と「北陸タイムス」（一九三五年六月二六日）は報じる。富山県土木課の調査によるものだ

一九二〇年代後半の朝鮮人労働者の死傷者記事（土木工事のみ）

年	場所
1925	・飛越水力電気工事場、土砂岩石崩壊生き埋め ・柳河原東洋アルミナム水電工事場、岩石墜落死亡 （『頻々として惨死者出る』） ・黒部奥山水電工事場逃亡者死亡 ・庄川水電工事場、岩石積載のトロ落下、死亡
1926	・柳河原発電工事、日本工業、土砂崩壊、二名死亡 ・庄川水電工事場、大岩石落下、一名死亡 ・柳河原発電工事、土砂崩壊、一名死亡 ・細尾トンネル崩壊、生き埋め死亡 ・黒部工事場欅平、大岩石下敷、一人死亡
1927	・黒部奥山、黒部川墜落、一人死亡 ・黒部奥、大谷の雪崩、日電飯場五棟倒壊三名死亡 ・飛騨、坂谷隧道崩壊、三名死亡 ・黒部奥山、清水の雪崩、日本工業㈱飯場四棟倒壊、日本人・朝鮮人四名死亡 ・祖山昭和電力、岩石崩壊、死亡 （『惨死者出すこと頻々』とある） ・真川水力発電、一名腹痛悶死 ・県営粟巣野水電、ダイナマ爆発一名死亡 ・黒部奥山、日電工事場、トロの下敷で一名死亡 ・真川水電、ダイナマ爆発一名死亡
1928	・真川水電、作業中吹雪、河中転落一名凍死 ・庄川電力、土石作業中一名死亡 ・城端、県営改修工事、庄川転落、一名死亡 ・真川水電、隧道崩壊、八名生き埋め（朝鮮人六、日本人二） ・真川水電、隧道内ダイナマ爆発、三名死亡 ・黒部奥山猿廻、墜落死亡 ・真川水電、貨車脱線、がけ下転落一名死亡 ・真川水電、隧道内ダイナマ爆発、三名重傷一名死亡
1929	・飛越線、加賀沢隧道崩壊、二名生き埋め、搬出するも重傷 ・飛越線、片掛トンネル崩壊、六名生き埋め ・真川発電所から下山途中、一名断崖墜落死、二名重傷

出典：『黒部・底方の声』

が、死者が二五名、重症者一五〇〇名、軽症五二〇名で、大半は発電事業所における事故だ。日電黒部川発電水路工事場で死者八名、重傷者六七八名、県愛本発電所水路工事場で死者一七名、重軽症者一二七八名で、これらはいずれも水路工事というから隧道を掘る際の発破や落盤事故によるものであろう。事故に対する県民の目はますます厳しくなり、日電は小屋平に診療所を開く。さらに、同年一一月の報道では、その年の死者が五三名、重症者三千六百余名、軽症二千余名で、内九五%は黒部川水系発電所工事におけるものだ。県警察は、工事現場関係者が労働者災害扶助法による扶助義務を履行しているかを調査し、労働者の待遇向上を図ろうと現場で一斉取り締まりをおこなった。(「北陸タイムス」夕刊一九三五年一二月三日)しかし、事故がなくなることはなかった。当時、富山県内のダム・発電所工事では、数千人の朝鮮人労働者が働いていた。どこでも同じ様に多数の犠牲者が出ていた。以下、黒部川の朝鮮人が犠牲となった事故報道(北陸タイムス)の一部を記しておく。

〈一九三五年〉

七月二一日　「朝鮮人土工二名ゴンドラと衝突、墜落惨死」小屋平日電村上組日電第二期工事場では朝鮮人争議団一二名、慰謝料請求。村上組は、両名の香典四〇円、災害保険(扶助金)三六〇円、慰藉料(見舞金)四〇〇円送ると回答。

七月二三日　「死者続出、生き地獄の惨状、毎日四〇名から五〇名の重軽傷者」日電第二期工事、内鮮土工四五〇〇~四六〇〇名働く。大林組、小屋平に「鐘釣療養所」建設。

九月三日　朝鮮人土工三名重軽傷、ダイナマイト爆発、黒部奥山鐘釣、村上組

九月一八日　「県内発電工事場の惨憺たる犠牲者」ここ一年で黒部と愛本で惨死者五三名、重症二四

五〇名

一二月三日　朝鮮人土工四名、ダイナマイト爆発重傷、佐藤組配下、県営愛本発電工事場

一二月になり、五千人いた労働者のうち四千人が下山、積雪で工事が休止になり多くの労働者が失業した。一方、冬営では雪崩事故が頻発する。翌年の一月、二月には愛本の佐藤組飯場でなだれによる倒壊で、死傷者が出た。去るも地獄、残るも地獄とはこのことである。

〈一九三六年〉

一月三〇日　愛本発電所工事場で朝鮮人土工内妻一名死亡

二月一七日　愛本村、県営愛本発電所堰堤工事場大雪崩土工四名下敷き（内、朝鮮人一名重症）

五月二七日　「戦慄の発電難工事、鬼気迫るおびただしい犠牲者」日電工事場、県営両発電工事場における災害発生状況、昨年一カ年死傷五〇〇〇名突破。一月～四月の死者一一名、重傷四〇八名、軽傷二六五名。県工事課、安全対策求める。八月「黒部第二期発電工事の死傷者は六五〇〇名、第三期は、その二～三倍の2万人にも達する見込み」

〈一九三七年〉

二月六日　「発電工事の人柱、一ヵ年三七名、重軽症者二六〇〇名　県工事課では、一昨年死傷者六〇〇〇名に比べ減少したのは黒部第二発電所の完成にある。本年県営有峰日電黒部第三工事場着工により空前の死傷者を出す予定」

しかし、「黒二」の犠牲者に驚いてはいられない。「黒三」では「死傷者は二万人にも達する見込み」、「空前の死傷者を出す予定」とは何とも惨い書きようだ。実際、「黒三」の死傷者の数と酷さは「黒二」とは比べものにならなかった。

2 「黒三」着工

三工区を三社に分離発注

「黒二」は一九三六年十月末に営業運転を開始、送電を始めたが、その完成を待つことなく、同年九月から「黒三」建設工事が開始され、完成まで四年以上の歳月を費やした。

工事は欅平に発電所を造り、六キロ上流の仙人谷ダムから水を取り入れるというもので、険しい地形、冬期の積雪、風致地区ということから工事資材運搬用の軌道をはじめ、ダム以外のすべてを隧道内とした。また、両地点に三〇〇メートルの高低差があり、河川勾配二五分の一のため、欅平の山中に内径五・五メートル、直高二二二メートルのエレベーター（竪坑）を作

黒部川第二発電所

り、宇奈月から軌道で運んできた資材をトロッコに乗せたまま垂直に移動して、再び上部軌道で仙人谷へ、さらには黒四ダム工事地点まで運ぶ計画が練られていた。そのため、工事開始以前から人跡未踏の切り立った崖に調査用の狭い道をつけ、さらに上流へと調査を進め、一九二八年にはすでに「黒四」地点の調査を開始し、翌年には日電歩道（仙人ダム―黒部ダム）が完成した。その後、一九三七年には宇奈月から欅平までの軌道が全線開通した。

工事は、仙人谷―欅平間を三工区に分けて発注された。第一工区は仙人谷ダム建設と阿曽原―仙人ダム間の軌道用隧道と導水用の水圧隧道の掘削を加藤組が担当した。第二工区は阿曽原から欅平までの二本の隧道工事を佐藤組が担当、第三工区は欅平における資材運搬用のエレベーターと発電所建設を大林組が請け負った。

第一工区のダムは、まず川の流れを変えるために仮排水路を作るが、まだ電気を送るケーブル線が敷設されていなかったので、工事はすべて人力で進められた。一九三八年五月に仮排水路が完成し、ダム本体工事が始まったころにようやくケーブル線が敷設され、削岩機が使えるようになった。

第三工区の発電所は、背後の山に鉄管をつける工事から始められ、発電を終えた水を放水する鉄管を据え付けてから狭い絶壁に発電所が建てられた。雪崩を避けるために発電機や変圧機、送電設備を建屋に収めるために八階建てとし、資材不足の折から鉄骨は屋根組みだけに用いられた。

第二工区は、ダムと発電所をつなぐ隧道工事で、一九三七年の雪解けから始まった。一日二メートルのペースで掘り進め、計画どおり秋までに竪坑、欅平―志合谷間が完成した。しかし、順調だったのはそこまでだった。阿曽原―仙人谷間の温泉湧出地帯では坑内温度が上昇し、工事は進まなくなった。岩盤温度は一〇〇度近い日もあり、坑内温度は三〇度から五〇度を上下しており、一日に〇・三～〇・四メートルの掘進という状態になり、加藤組はついに工事を放棄した。一九三八年四月から佐藤組が第一工区を引き継いだ。

着工した年の一九三七年二月二六日、皇道派青年将校がクーデターを起こした。七月七日には盧溝橋事件が起きた。いよいよ中国侵攻が本格化し、関西では軍需品製造のための電力が待たれていた。早期完成

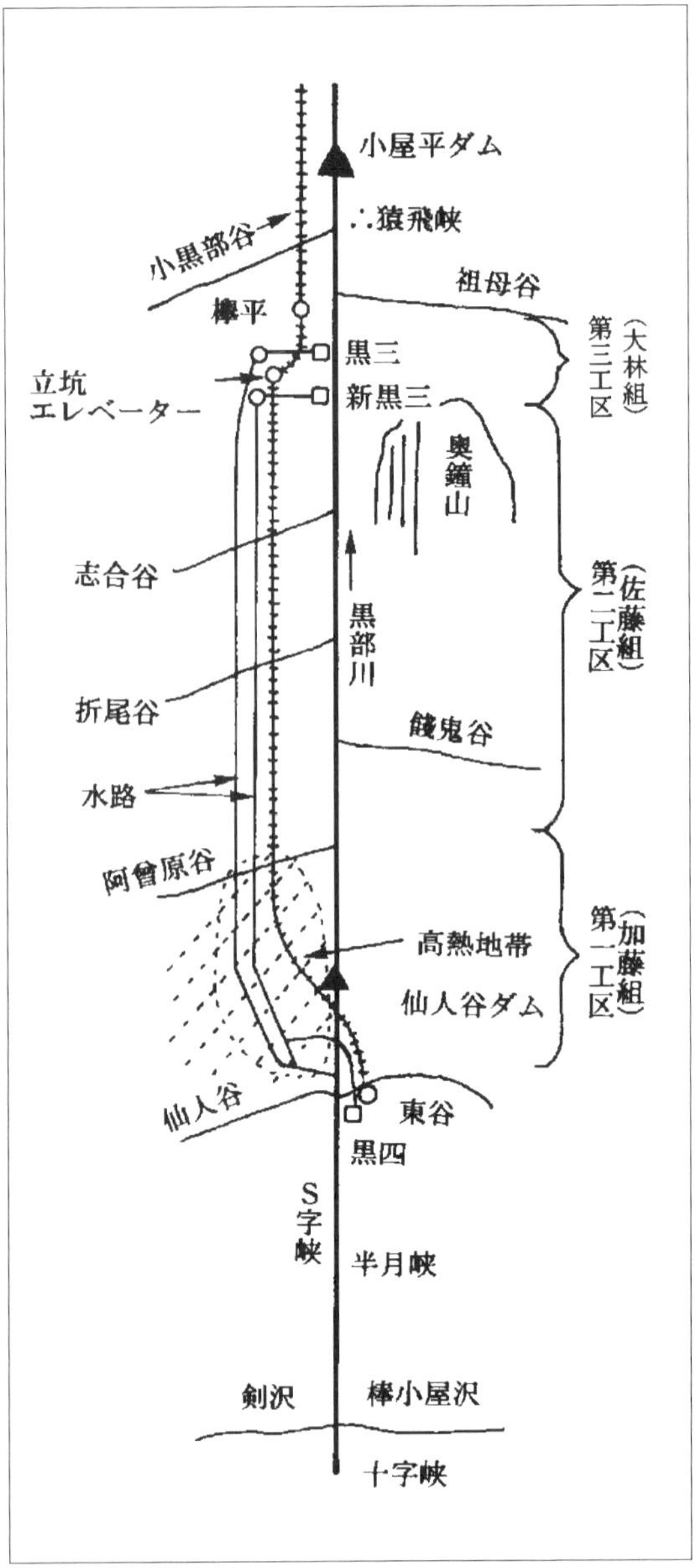

「黒三」発電所建設および水路周辺略図
（「ほくりく」232号より）

のため、隧道工事が主となる第二工区では同時に何カ所からも掘削し、昼夜兼行で工事が行われ、さらに、「冬営」が敢行された。日本電力株式会社取締役齋藤孝二郎土木部長は「一年のほとんど半ばにも及ぶ積雪期を除外しては工程に及す影響大であるから、あらゆる危険と不自由を忍んでも冬営作業は止むを得ない次第である」(「黒部川第三発電所工事余談」齋藤孝二郎　一九三八年一二月二日稿)と書いている。冬期間宇奈月との通行ができない状況は安全面からも問題だと当初から指摘されていたが、はたしてこの冬営が志合谷ホウ雪崩事故、そして阿曽原ホウ雪崩事故などを起こし、幾多の犠牲者を出した。

自然環境保全のために着工が遅れたことについて、齋藤土木部長は「産業風致両立こそ眞に黒部を活かす所以なりと信じ、これより実行して来たもので、私は茲に産業風景是非を論ずることを敢てせぬ」と、産業と風致とを同時に実現しようとしたのだが、これが多大な犠牲と辛酸を加重したのだろう。志合谷雪崩事故の少し前に書かれたものだが、当初の十字峡水没を避けて、仙人谷にダム建設をすることになった。いずれにしろ高熱隧道の難工事は避けることはできなかったかもしれないが、早期完成を至上命題とするなかで自然保護を要請されたことが工事着工を遅らせ、危険がわかっているのに冬営を強いられることになり、人命を犠牲にして工事を進めることになった。

人命よりも工事の進捗

「黒三」工事事故で特徴的なのは、「水平歩道」からの転落事故だった。調査のために開削した歩道は、V字谷の切り立った崖の中腹を人一人が通行できる高さと幅数十センチをくり貫いた片隧道で、場所によっては数本の丸太を番線で崖に縛り付けただけの桟道であった。現在も同じ状態だが、歩荷(山小屋などに荷物を運ぶ人）は、そこを百キロもの資材を担いで運ぶ。黒部川ははるか数十メートル眼下、場所によっては百メートルを超える。ときには数百メートルの長さのケーブルを数十人で持ってムカデのように運び、四〇馬力程度の比較的軽量のコンプレッサーを棒に吊り下げて肩で担って上げたという。落石に当たったり、足を滑らせて谷底に落ちたりする人も後を絶たなかった。俗に「黒部峡谷では怪我人がない」といわれる。転落事故が起きても、谷が急で深くて救出がむずかしく、遺体を探せないことすらある。

工事前から事故は多発し、累々と犠牲者を出していった。隧道工事でも事故は頻発した。ダムの位置が十字峡から仙人谷に変更されたことも一因だったが、ルート調査を十分にしないまま着工したことが、「高熱隧道」での掘削工事などで予想以上の悪条件を招いた。本来、ルートの調査は時間をかけて十分に検討されるべきものだが、黒部では調査と工事が同時に進行した。またルートを変更しようにも地形的に容易ではなく、平時であれば工事がある程度進行していても中止するようなケースだったといわれる。ちなみに、高熱隧道と並行して掘られた一九六三年完成の新「黒三」発電所の水路工事では一件の死亡事故もなかった。これは、「機械工法の採用と

左：長いケーブルを運ぶ　右：急峻な崖を人が通れるだけの道幅を削り、番線で丸太数本を結わえて岩に取り付けただけの道が続く　出典：関西電力『黒部をひらく』

特殊材料の使用」（奥田淳爾「黒部川水域の発電事業（二）」）といった技術の進歩のおかげであり、人命尊重を第一に行えば、犠牲者は最小限にとどめることができるという証でもある。

どれほどの犠牲者が、「黒三」工事で出たのであろうか。発注者・日電の後を一九五一年に引き継いだ関西電力製作の記録映像『黒部をひらく』では、死者二一二名とされている。また、同名のNHK昭和回顧録『黒部をひらく』で、佐藤組の当時の事務責任者だった宮島治男氏は担当の第一工区と第二工区だけでも一五六名の死者と六千名の一ヵ月以上の負傷者、全体でも三百名以上の犠牲者を出したと述べている。さらに、『越中の群像』では、今村常吉黒三工事事務所長（当時）（元佐藤工業取締役）は、全工区の犠牲者は三百人を超えたが、佐藤組だけでも二三三人を数えたという。死者数にかなりの幅がある。当時すでに様々な統計が取られていたし、扶助金の支出などからも正確な人数がわかりそうなものだが、事情を最もよく知っていたと思われる管理責任者が言うのだから全体ではゆうに三百人は超えていたということであろう。なお、当時、ダム工事では一千キロワットに一人の犠牲者が出るといわれていたそうで、「黒三」の発電量は八万一千キロワットだから、当初より人命損失を最少八一人と見込んでいたのだろうか。

先述の齋藤日電土木部長（当時）は「黒部川第三号発電工事余談」で、「この第二号工事（小屋平ダムと第二発電所）は予め施設した運搬電車の完備と従業員が黒部に慣れた経験とによって設計施工ともに多大な効果を挙げ得たと思う」と書いている。欅平までの軌道が完成し、労働者が危険な峡谷での工事に慣れているので、「黒三」では計画どおりに順調に進んでいるというのだ。完成を急ぐあまりの冬営だった。だが、志合谷ホウ雪崩事故はこれを書いた直後に起きた。宇奈月—欅平間は雪で遮断され、救援は遅れた。隧道工事ではすでに高熱のなかの掘削に呻吟し、事故は日々数十件も起きていた。そもそも、「黒二」

工事で多くの犠牲者を出したことを真摯に受け止めていなかったのではないか。この時代、兵士の命が一銭五厘だったといわれているが、労働者の命はどれほどだったのだろう。

事故はどこで・どのように起きたか

北陸タイムス紙に掲載された「黒三」での朝鮮人の犠牲者が出ている事故を抜き出してみる。（日付は事故発生月日）

〈一九三七年〉

七月十五日　不発ダイナマイト爆発して二名負傷

七月二〇日　朝鮮人土工一名即死、三名重傷、ダイナマイト爆発黒部奥山志合谷

一二月三〇日　黒部奥山日電工事場雪崩で二名生き埋め

〈一九三八年〉

五月三一日　朝鮮人土工、岩石下敷きで惨死。佐藤組配下。黒部奥山、日電工事場

急峻な崖を人が通れるだけの道幅を削り、番線で丸太数本を結わえて岩に取り付けただけの道が続く水平歩道

七月一一日　朝鮮人四名、爆薬で死傷（二人死亡）黒部奥山阿曽原地内

七月一七日　朝鮮人土工、断崖から墜落即死、佐藤組配下、黒部奥山水平地内

八月五日　朝鮮人土工、歯車に巻き込まれ、即死、大林組配下、黒部奥山シジミ谷

八月二二日　朝鮮人土工七名重軽傷、ダイナマ爆発、黒部奥山　日電隧道工事佐藤組喜田配下

八月二八日　ダイナマ爆発一三名死傷の惨（朝鮮人六名惨死、四名重傷、日本人三名重傷）黒部奥山、阿曾原　高熱隧道

一九三七年二月に、一九三六年の「発電工事の人柱一ヵ年三十七名重軽傷者二千八百名」と発表されている。一九三七年五月から「黒三」工事は始まった。一九三八年八月二八日までの朝鮮人と明示して掲載された事故をみると、岩石下敷き、墜落死、ダイナマイト暴発などが主な原因となっている。記事にならないような事故が連日のように起きていたというし、日本人の数は朝鮮人の二倍（のちほど根拠を検討する）とすると全体でどれほどの死傷者があったのか考えるだに恐ろしい。加えて、庄川や常願寺川（有峰ダム工事）でも同様の事故が起きているから、県全体では人数はさらに膨らむ。極めつけは同年一二月二七日未明に仕合谷で起きたホウ雪崩事故だった。

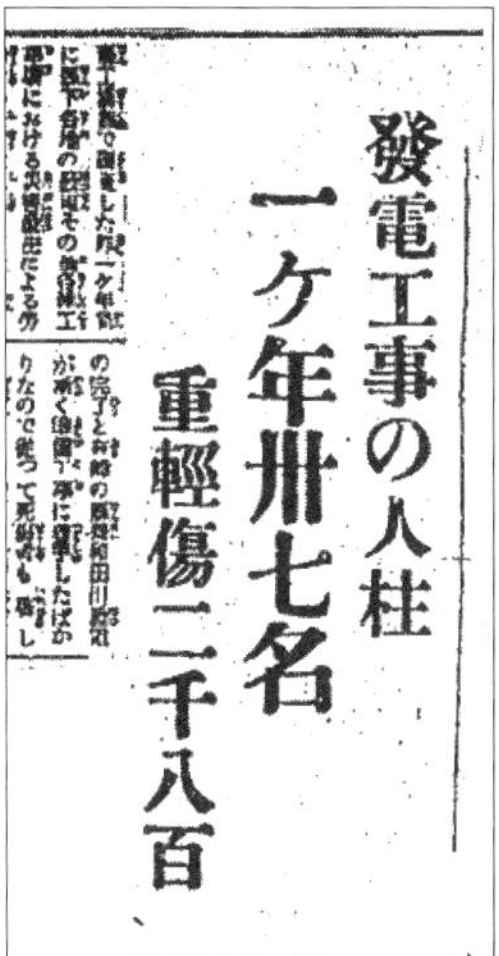
發電工事の人柱
一ケ年卅七名
重輕傷二千八百

北陸タイムス夕刊
1937年2月6日

3　志合谷ホウ雪崩事故

冬営が起こす雪崩事故

「黒三」の工事現場は、冬期五ヵ月間は深い雪に覆われる。日本海を越えてきた冷たく湿気を含んだ気団が立山連峰と後ろ立山連峰の間に横たわる狭い峡谷に吹き込み、三千メートル級の急峻な連山にぶつかって丈余の積雪をもたらし、雪庇をつくる。それが、崩れて急傾斜の谷へと下るとき、なだれ風とか、爆風と呼ばれる高速気流を発射し、発射された高速気流が雪崩を引き起こす。それがホウと呼ばれる雪崩である。それまでの経験から地形と気象条件などによりホウ雪崩の危険がある場所はわかっていた。事実、一九二七年には大谷で三五名が亡くなり、以降毎年のように犠牲者が出ていたので、志合谷の現場では前年の一九三七年冬に試験的に仮小屋を建てた。なにごとも起きなかったので安全を確認したということにした。ということは、ホウ雪崩の起きやすい地形だとわかっていたのだろう。

ホウ雪崩の研究者によれば、黒部峡谷は谷全体が雪崩の巣のようなものだと以前から知られていたという。しかし、冬期に工事を進めるためには多少の危険があっても、一部を谷に突き出して建物をつくる必要があった。当時はもう少し広かったようだが、現場をみると、崖に突き出した部分にしても本当に狭い。志合谷の横坑はどのように百数十人もが暮らしていたのか想像もつかないほど狭いと思っていた。ところが、今回資料の中に「冬営設備見取図」を発見した。軌道からは見えない空間があったようだ。どこまでが居住区分かわからないが、かなりの広さがある。その中に事務所や宿舎が建っていた。「横抗には風呂もあったが、捕っても捕っても蚤が湧いてきて体中がかゆくて大変だった」と韓国での聞き取りの際に聞いた。当然、機械類や資材も置いてある。過密で気温も湿度も高く、衛生状態が極端に悪くなっていたのであろう。また、冬の間は外気を吸えず、空も見えず、ずっと隧道の中にいるのは精神衛生にも悪く、「見晴らしのいい場所」が必要だったようだと事故で家族三人を失った金鍾旭さんは書いている。

この冬営が多くの犠牲者を出し、冬山の自然現象を災害に変えた。

一九三八年（昭和一三）冬になった。その年の一二月にも折尾谷でホウ雪崩があり朝鮮人二名が生き埋めになっていた。一二月に入り二七日、峡谷は冬型の気圧配置で寒波に襲われていた。欅平から上流二キロにある志合谷には百数十名が冬営しており、うち百名ほどが宿舎で就寝中であった。午前三時三〇分ころ、ホウ雪崩が起きた。犠牲者は八四名といわれている。いわれているというのは、行方不明者の数がわからな

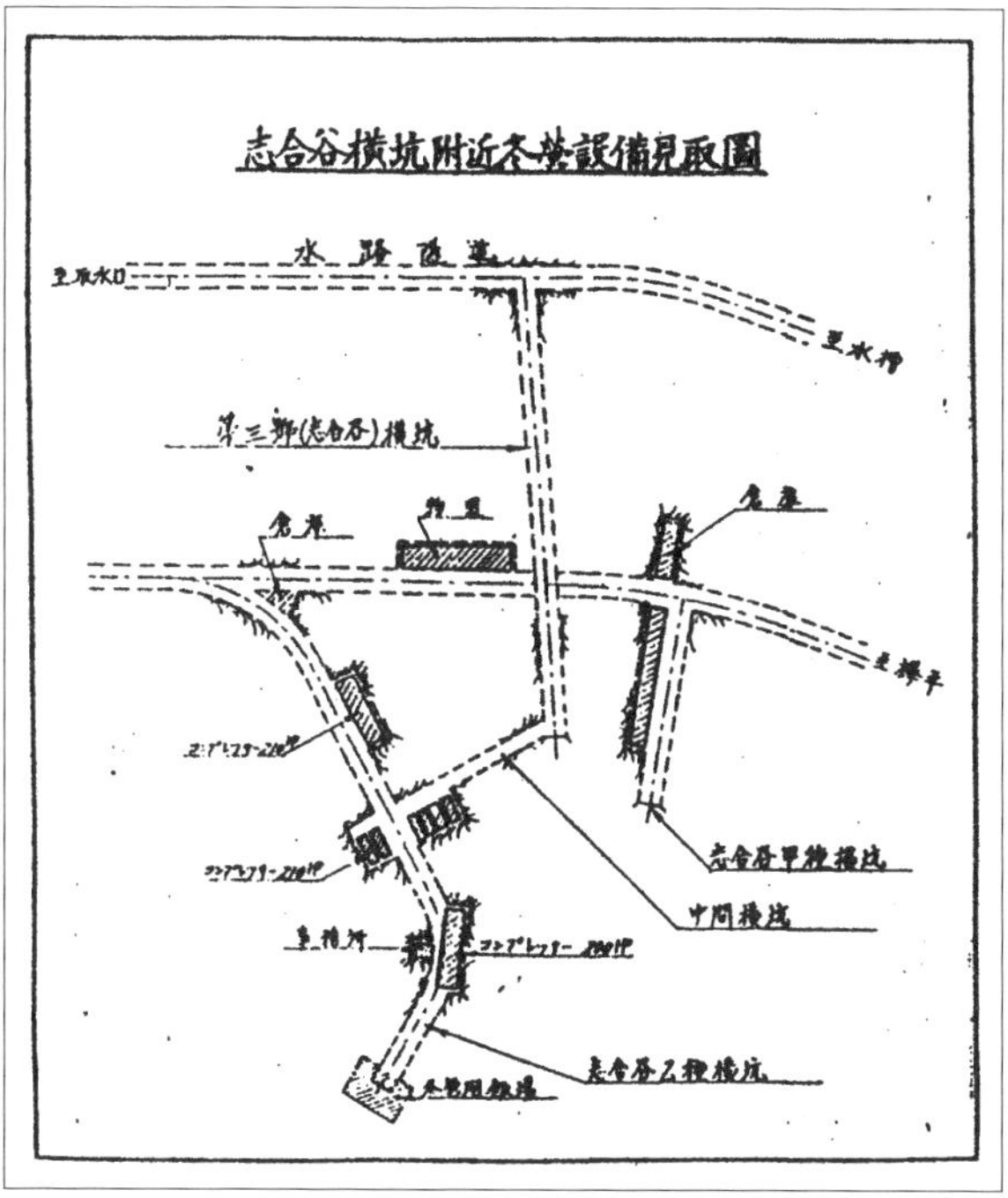

冬営設備見取図　出典「黒部川第三号発電工事余談」

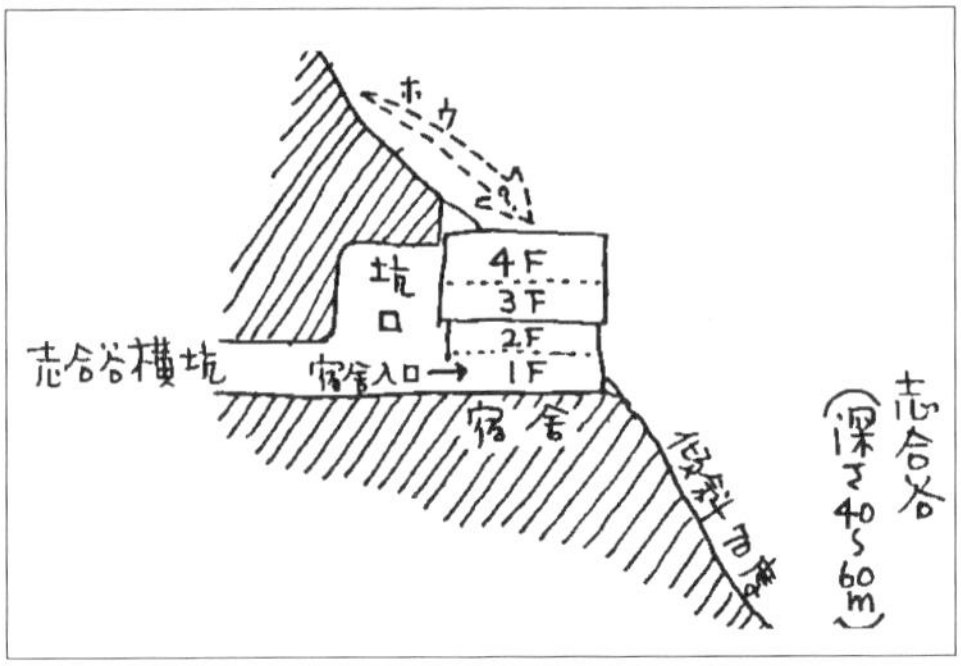

志合谷倒壊した宿舎　出典：『真説「高熱隧道」』

いからだ。ひょっこりやってくる人や黙ってどこかに行ってしまう人などがいて飯場の人数は流動的だというが、冬期だからさすがにそんなことはないだろう。ただ、すでに完成している隧道を往き来して、いなかったはずの人がいたということもある。実際、事務連絡で他の飯場に行っていて命拾いした人もいる。二九日の『富山日報』によれば、死者三七名、行方不明者四七名で、二八日午前中までに判明した朝鮮人犠牲者は三七名であった。（この新聞報道には、金明石さんの妻と子どもの名前が書かれていないので、筆者は行方不明者を四九名と考えている）

志合谷宿舎は合掌造り木造四階建で、側壁だけが厚さ一メートルの無筋コンクリートだった。まず屋根が飛ばされ、合宿上部は雪崩に打ち砕かれて、就寝中の人々とともに志合谷から対岸尾根（対岸尾根は寄宿舎と同じ高さか、それより低い）までの広い範囲に飛散した。三月に入り、奥鐘釣山の絶壁の下に建物の一部と遺体が一ヵ所にあるのが発見された。宿舎下部はその場に倒壊し、ここでも死傷者を出した。隣接した佐藤組配下喜田組事務所ではコンクリート壁が倒れ、一名が圧死した。事務所に続き、抗口に直結して別の宿舎が隧道内に建っていた。また、隧道内宿舎地点から谷に降りる斜度は七〇度でロープなしでは行動できない。

以上は、北海道大学低温科学研究所の故清水弘《ひろむ》教授が作成した『真説「高熱隧道」』（北海道地区自然災害科学資料センター報告，7、pp.37-52, 1992）の中の一文である。清水教授は、志合谷の実地調査と生存者の証言を検証し、さらに志合谷に限らず一九七三年ころから約一〇年間に黒部峡谷各地で起こった雪崩事故の様子を三〇人以上から聞き取り、科学的考察をもとに報告書を作成した。そして、吉村昭の『高熱隧道』の記述と比較して表を作成する。すでに『高熱隧道』を読まれた人は、「オヤッ?小説とは違う!」と思われたであろう。小説とわかっていても、人は吉村昭の記述を事実と思い、体験者ですら自分の記憶を修正、上書きしがちである。

小説『高熱隧道』では、雪崩の威力を以下のように表現する。

「爆風は宿舎の二階から上部をきれいに引き裂いて、比高七八メートルの山を越え、宿舎から五八〇メートルの距離にある奥鐘山の大岩壁にたたきつけた。途中に破片らしきものが何も発見されないことから、宿舎はそのままの形で深夜の空を運ばれたと想像された。」

ホウ雪崩の爆風に飛ばされた建物が宙を飛び、大岩壁にたたきつけられるシーンは恐ろしいまでリアルに目に浮かび、ホウ雪崩の凄まじさと就寝だった人たちが感じたであろう恐怖を感じさせる。いやいや、一瞬のことで恐怖を感じることもなかったかもしれない。だが、これは事実ではない。

『真説「高熱隧道」』では、救援の様子を次のように記す。

事故発生直後、上田五一郎さんは、行方不明の義兄を探してロープで谷に降り、負傷者を助け上げた。上田さんは義兄の遺体を発見し、翌日にはそれを曳いて下山した。当時一七歳の少年だった戸出喜久三さんは親方の命令でコンプレッサーの夜勤を続けていて難を逃れ、倒壊した宿舎から炊事係の少女を救出した。

雪崩から二〇分後、工事を担当する佐藤組配下喜田組の当直は、事故発生を宇奈月町の佐藤組本部に電話連絡したが、電話線は間もなく断線して通信不能となった。佐藤組本部から三日市署に志合谷での事故が連絡され、宇奈月派出所主幹の巡査部長は部下とともに志合谷に向かった。その後富山県警察は宇奈月町に捜査本部を設置、同時に電話線の修理を行った。

やがて阿曽原や欅平など付近の飯場から隧道を通って人夫三六〇人が来援し捜索を開始した。作業は難航したが、事故当日夕方までに三六名の遺体が収容された。

翌二八日もまた吹雪だったが捜索を続けた。前日に収容した遺体を下山させるために死者二名、負傷者二名を布団でくるみ波トタンで巻いて、数人が交替で曳き、夜には宇奈月町に到着した。第二班死者一二名、第三班死者二三名は猫又、小屋平で一泊した。検死は小黒部、小屋平、猫又、あるいは途中で出会った場所で行った。佐藤組は、下山サポートのために宇奈月側からも人夫二〇〇人を動員した。

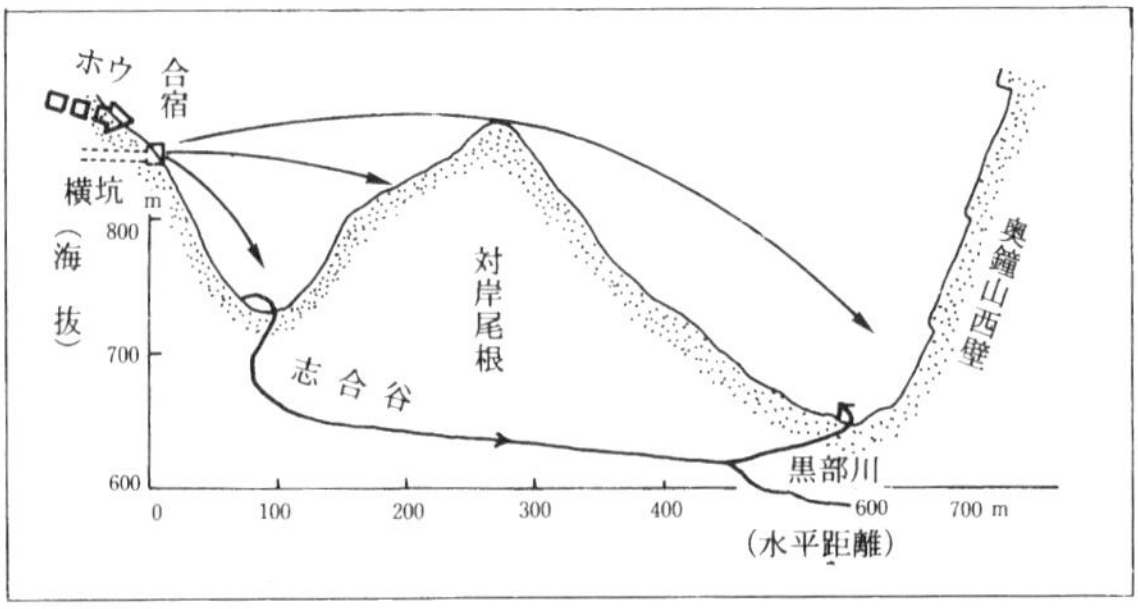

志合谷宿舎飛跡想像図　出典：『真説「高熱隧道」』

二九日はさらに天候が悪化し、捜索作業を中止しなければならないほど雪崩が多発した。その悪天候をおして県警の課長二人は志合谷を視察し、すぐに下山した。遺体はその日のうちに宇奈月に到着、第一号トンネルの中で棺に移して遺族が確認した。こうして、県内者の遺体は遺族に渡され、県外者は翌三〇日樹徳寺で合同告別式を執り行い、負傷者は藤田病院に収容された。

その後、遺体は雪解けとともに下流の小屋平ダムに流れ着き、または谷間で分散的に発見されたが、行方不明者の数は宇奈月町出身者だけでも二〇人を超えた。

当時富山県内には新聞が四紙あった。人数にこだわるわけではないが、犠牲者の人数だけ見ても各紙で異なり、現場がいかに混乱していたかがわかる。富山日報の藤井勇見記者は昼過ぎに第一報を聞いて富山から電車に飛び乗り、夕方になって宇奈月に着いた。すぐに佐藤組の出張所に飛び込み、入山名簿を借り、写して最終の富山行電車に託した。「作業員全員の安否を留守家族や読者に知らせたい」との思いで、同僚記者たちが各地の家族に電話連絡をしたという。(「北日本新聞」一九八四年八月一日)

なお、三日市署の日誌には以下のように書かれている。

昭和一三年一二月二七日午前三時三〇分コロ黒部奥山国有林日デ第三期工事現場志合谷ニ建設シアリタル佐藤組冬営共同飯場ハ雪崩ノタメ三階建（一八〇坪）崩壊セリ、同飯場ニハ喜多配下七名、菊本配下四二名、金井配下四四名、佐藤組事務員五名、炊事夫三名、大工三名、外二〇名日電社員二名、合計一二四名内、四七名死亡セリ。

御救恤金下賜で工事続行

誰もがホウ雪崩事故により多くの犠牲者が出たので工事が中止されると思った。だが、工事は続行された。その展開は驚くほど迅速だった。

事故が起きたのは一二月二七日の未明である。わずか三日後の三〇日には天皇の見舞金である「御内帑金《ごないどきん》」の下賜が県へ伝えられ、志合谷では同日作業が再開された。翌三一日の富山日報には事故を不可抗力とみなして日電や佐藤組の責任を問わず、犠牲者には十分に弔意を示し、再発を防ぐために「冬営を研究する」と矢野富山県知事の談話が載った。翌年元旦の北陸タイムスは、「奥黒部の惨事に御救恤金《きゅうじゅつきん》下賜 大御心の宏大無辺に恐懼感激して矢野知事が謹言」の見出しで「この度の参事は天災とは申しながら誠に遺憾千万なることであります。今後相戒めこのたびの如き災禍を再び繰り返さざる様、十全の努力を致さねばならぬと存じます」と報じた。

工事中止を阻止するために、御内帑金下賜を要請したのは、誰か。日電か、関西の財界か、富山県か。多数の死者と行方不明者を出したに

黒部仕合谷の大なだれ遭難續報
死者卅六名に上り
四十七名も絶望視さる
生存者は四十七名、負傷者は九名
三百五十名で救助に必死

判明した遭難者の氏名

日電社員四名

佐藤組員五名

喜田元部屋

金井飯場

炊事係七名

昨日欅平まで死傷者を収容
醫師らが現場へ急行

弔慰にも努力
佐藤組語る

四階建の建物が谷めがけ吹ッ飛ぶ
旋風と雪崩に八丈の機械が倒壊
二名這出して急報

「富山日報」1938年12月29日

もかかわらず、原因も安全性も確かめることもなく、工事は続けられた。二週間後、翌年一月一五日の「北陸タイムス」には、「雪害に対する絶対安全策として各飯場を全部横坑内に移し、穴ごもりして冬営工事を続行している約七〇〇名の人夫。労働時間短く、食事は組負担、一日労賃二円五〇銭と高く、一人の下山者もなく工事着々すすむ」と書かれる。

一方、小説『高熱隧道』では、「警察や県のほうから中止命令が出て二ヵ月後に再開された」となっている。一旦工事を中止、安全対策を取り、しかるべき期間をおいて再開するというのが理に適かない、また読者の気持ちに添っている。現場で働く監督や労働者は逃げるにも逃げようがなく、八四人も亡くなれば人員に大きな不足をきたしていたと思われる。それでも、「大御心に恐懼して」新しい作業員を配置して黙々と隧道を掘るしかなかったのだろう。

御内幣金は事故の翌年の十月三一日に支給された。その領収書「拝受証」は公文書として富山県立公文書館に保管される。金額は八円五〇銭、受取人は遺族、宛先は県知事となっている。さらに犠牲者には労働者災害扶助法の適用を認め、相当額の扶助金(注)が交付された。朝鮮人の犠牲者数は三七名と発表されている。のちにこの領収書に残る韓国の住所に手紙を書き送り、返信のあった二人の遺族に会いにいくことになる。後述する。

二次資料といわれる新聞報道を中心に書き進めているが、「黒二」、「黒三」と、死亡事故が連日起きたといわれるのに新聞報道は少なくなっていった。事故が常態化したからであろうか。また、後述するが、厳しい弾圧と拘束によって核となる活動家がいなくなり、事故をめぐっての争議の記事もなくなっている。戦争も激しくなり、一九三七年の「新聞紙法」によって特別高等警察（特高）による言論統制が敷かれ、とくに国家的事業である「黒三」においては工事完成の妨げとなるような記事は統制されているか、自主規制していたのかもしれない。

とはいえ、さすがに八四名以上が犠牲となった志合谷ホウ雪崩事故の際には、富山県内の四紙は大々的に報じた。そして、事故から五日後に「朝鮮同朋たちの真面目に安心　西島警部補談」（「富山日報」一九三九年一月一日）との記事が出る。朝鮮出身者（「半島人」という差別的な表現をしている）に三七名（実数は三九名）もの多数の犠牲を出しているので、ストライキでも起こすのではないかと危惧していたのであろうか。加えて、「北陸タイムス」（一九三九年一月二六日）は「日電と佐藤組が犠牲者へ温情美し・半島人へ扶助与ふ」と、本来交付対象外の日電社員と佐藤組監督、そして喜田組配下の飯場頭の金命石さん夫婦とその子を合わせた八名のうち、子を除く七名に特別に四〇〇円の扶助金と三〇円の祭儀料が交付されることが、特別の計らいとして大きく掲載された。朝鮮人飯場頭への特例を「温情美し」と大きく報じるのは、やはり不平不満が生じて工事が遅れることを案じて、県がリークしたのではないだろうか。

その年の一〇月にはその他の寄付金なども合わせて、労働者と同額の約一〇三〇円が支給された。

（注）戦後一九四七年に労災保険制度が誕生したが、それ以前は一九〇五年に鉱業法、一九一一年に工場法をつくり、炭鉱や工場で働く人々の「仕事上の病気・ケガ・死亡」を補償する法律ができた。さらに、一九三一年に

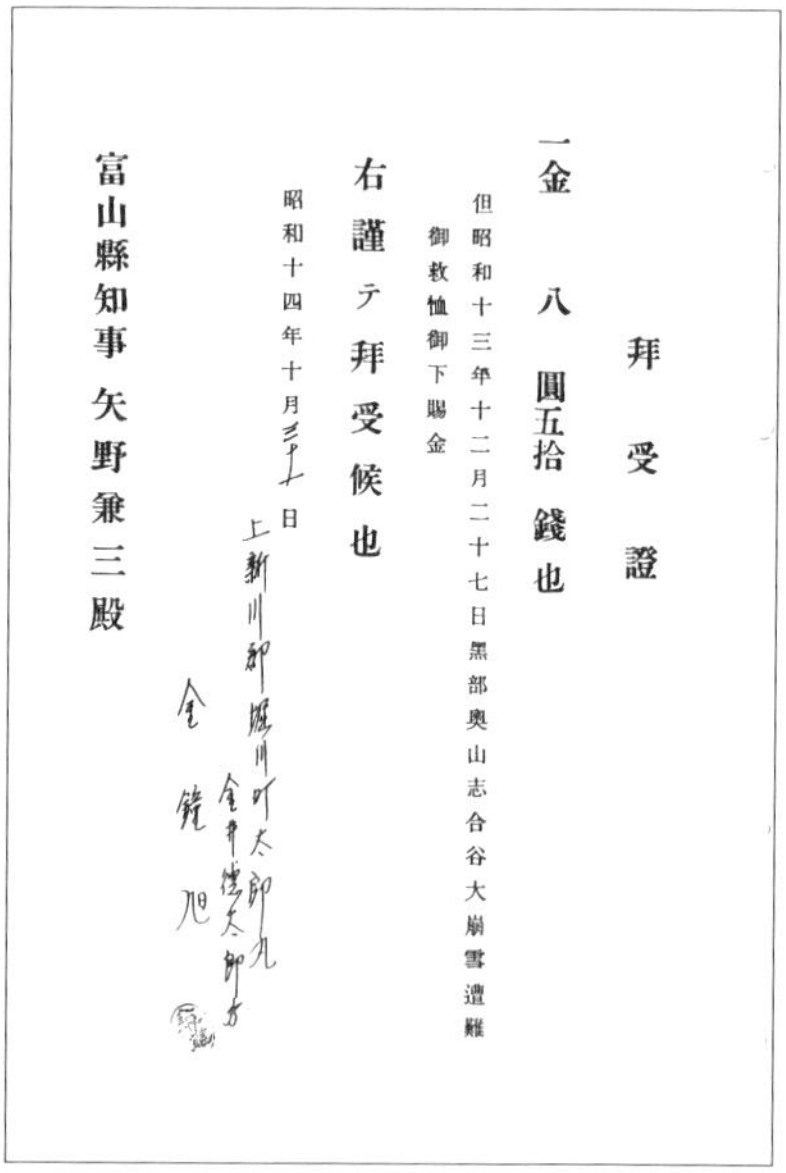
拝受證

一金　八　圓五拾　錢也

但昭和十三年十二月二十七日黒部奥山志合谷大崩雪遭難
御救恤御下賜金

右謹テ拝受候也

昭和十四年十月　日

富山縣知事　矢野兼三殿

拝受証

「労災扶助法」「労災扶助責任保険法」がつくられ、土木・建築などにも労災が適用された。

金鍾旭さんの墓参

志合谷ホウ雪崩事故から四七年過ぎた、一九八五年一〇月、佐藤組配下喜田組金井飯場頭・金命石さんの長男金鍾旭さんは、墓参のため志合谷を訪れた。金さんは、この事故で両親と末の弟の三人を亡くした。戦後四六年三月に故国に帰り、弟妹五人と自分の子ども六人を育て上げ、四〇年後にようやく父親に会いに黒部の谷に来ることができた。母親の遺体はその夏に見つけた。雪渓に発破を掛けて遺体を探していたところ、見覚えのある赤い布が見えたので、掘り出してみると母親だった。母の遺骨は持ち帰ったが、父と弟は行方不明のままで、黒部峡谷が父のお墓だと思っているという。それが、谷に向かって額ずく金鍾旭さんの写真である。

同じ日、清水弘教授は、かつてホウ雪崩研究で頻繁に滞在した志合谷を久しぶりに訪れた。のちに知人から金鍾旭さんと数時間の時間差ですれ違ったことを知らされ、縁を感じて金鍾旭さんと手紙のやりとりをした。この話は杉木清さんによって関西電力土木建築課情報誌『行雲流水』に報告されたのち、関西

黒部の谷、志合谷に額ずく金鍾旭さん

電力北陸支社社内報『ほくりく』三二八号（一九八六年七月）への転載を経て、北日本新聞「ミニコミ広場」（一九八六年八月二五日）で紹介された。たまたまその記事を目にした著者は清水教授に連絡を取った。そんな度重なる転載がきっかけとなり、翌年北海道大学に清水教授を訪ね、『真説「高熱隧道」』その他の関連資料や二人の往復書簡、金さんから送られてきた写真のコピーなどをもらった。

金鍾旭さんの手紙によれば、金命石さんは飯場頭として建物の四階の一番見晴らしのいい部屋をもらっていた。隧道工事を取り仕切る、志合谷ではもっとも力のある親方だったのだろう。親戚や同郷の人たちを呼び寄せていたので便宜を図り、親戚と知人の多くは昼の仕事に就き、夜は宿舎で寝ていた。そのために親戚だけでも一二名、知人と合わせると約三〇名が犠牲になり、息子の鍾旭さんは親戚からずいぶん恨まれ、殺されそうにもなったという。

この話には続きがある。先に書いたように朝鮮人飯場頭夫婦にも下賜金や扶助金、見舞金などが出たが、鍾旭さんにはもらった記憶がない。大金だから忘れるはずがないし、当時は本当にお金に困っていたから、それがあったらどんなに助かったことかと手紙に書いている。では、お金はどこに行ったのか。鍾旭さんは「お金が支払われたことを知らないのをいいことに、親戚が横取りしたのだろう」と思っている。「佐藤組がお金を払い出していないわけがない」とだれもが言う。私も何人かに聞いてみたが、韓国人を含めて「佐藤組は払っていない」などと言う人は誰一人いなかった。これは当時の元請けと下請けの組、飯場、労働者間の信頼を表わしている。なお、金泰景さんという飯場頭が佐藤組と交渉して、特別に扶助金や見舞金などが支払われるようになったと書く人があり、後述する。

ホウ雪崩は冬の黒部峡谷では気象条件さえ整えばいつでも起こる。現在も黒部峡谷鉄道では冬期に雪崩の恐れがある場所では橋を外し、ときには雪崩により線路が壊されることもあるが、犠牲者がなければ自然現象で終わる。当時すでにホウ雪崩の条件やメカニズムがわかっており、阿曽原でも過去数百年にわたり一度も雪崩が起きていない地点を探して宿舎が建てられた。だが、事故は起きた。志合谷雪崩の一年後の一九四〇年一月九日の日中のことだった。

　雪崩にあった佐藤組宿舎は木造五階建てだったが、ホウの爆風で五階は吹き飛ばされ、宿舎とともに二六名が谷に転落した。四階以下は倒壊して二階炊事場から出火、大惨事となった。なんとか床板を壊して助けようとしたが頑丈な造りで救助は難航した。宿舎は翌日まで火柱をあげて燃え続け、死者二八名（内朝鮮人一七名）、重軽傷者三五名（内朝鮮人二一名）を出

黒部阿曾原の雪崩惨事續報
宇奈月にて長崎記者發
行方不明が廿六名
重輕傷三十五名に上る
救援隊猛吹雪で現場へゆけず
今朝になり百名漸く捜査開始
行方不明者全部
深雪の中で凍死か
二十六名のうち本縣人は四名
重輕傷者三十五名
けふ下山させて手當中
重傷十一名のうち本縣人二人
猛吹雪で避難中
不可抗力の旋風から惨事
佐藤組最善の方法を盡す
合宿所等
構造、坪數など
黒部奥阿曾原の惨事現
重輕傷は今
宇奈月へ

阿曽原ホウ雪崩事故記事　「富山日報」1940年１月11日

した。火災にあった遺体はかなりひどく焼けていたので検死後、その場で荼毘に付された。

『高熱隧道』や『富山県警察史・上』、『佐藤工業社史』には倒壊の原因はホウの爆風によって木が舞い上がって宿舎に落下したためだとする。しかし、数多くの証言から、清水さんが『真説・高熱隧道』で書いているように、ホウの爆風で五階が吹き飛ばされて倒壊したことが事実であろう。

また、富山日報には、冬営人数は四〇〇名余だったが九日朝から吹雪が激しく危険な状態だったので上下山を禁止、避難を勧めていた。日電でも避難命令を出して避難していたが、夜勤明けや炊事係など約一〇〇名あまりが残っており、内半数が事故にあったと記されている。

この時も、「この惨事があったからと云って冬営工事は中止させない。発電は大きな国策」「さらに工事に拍車をかけさせる予定である」(「富山日報」一月一一日)と翌日には県警部長の談話が発表された。宿舎を失った労働者は隧道内に寝泊まりして工事は続行された。

4　高熱隧道

ダイナマイト事故では責任を問われない

ほとんどの発電所はダムに溜めた水を水路用隧道で下流まで導き、その落差でタービンを回して電気を起こす。ダム、水路、発電所はセットのようなもので、電源開発には欠くことができないものである。水路のための隧道工事は所定の岩に削岩機でいくつもの深い穴を穿つことから始まる。そこへダイナマイトを数本直列に突っ込み、中心部から周辺部へと時間差で爆発するようにセットして導火線に火を点け、急いで離れて爆破させる。砕けた岩はズリと呼ばれるが、それをトロッコに乗せて外へ出す。これはズリ出しと呼ばれた。こうした隧道工事は、好き好んでする者はないといわれるほどどの工程も危険な作業である。発破事故の原因には、不発及び残留によるもの、退避遅延によるもの、大爆発その他の原因によるもの、落盤、岩石落下または飛石によるものなどがある。ときにはズリを出すためのトロッコによる事故もあったが、「黒三」で工事の進捗を遅らせたのは、高温の岩盤による自然発火でのダイナマイト爆発事故だった。

「黒三」の隧道工事は一九三七年五月から始まった。七月二〇日、九〇個のダイナマイトを掛けた折前日爆破した不発のものに触れたたために一人が顔を粉砕して即死、後方にいた三人が重軽傷を負った。四人はと

また工事場の慘
鮮人土工即死
他に重輕傷者を出す

二十日午後三時ごろ黒部奥山國有林内俗称志合谷地先の日電第三期發電工事場において榮元飯場内の鮮人土工高山文吉こと鄭萬祚(二〇)外三鮮人土工が二臺の

掘鑿機

を使用して水路横坑の掘鑿作業中、鄭の使用する掘鑿機が十九日正午ごろ裝塡爆破した約九十個のダイナマイト中不發となつてゐたのに觸れたゝめ轟然爆發して鄭は無殘にも顔面を粉碎して即死を遂げその後方で作業中の土工上田武夫こと孫承述(二〇)は左後頭部左肩、左腕に全治一ケ月、松本秀次郎こと高山錫(二〇)は右顔面右肩、右腹に同様一ケ月の各重傷を中村二郎こと鄭太文(二〇)は右頭部に全治一週間の輕傷を負ふの慘事が發生、所轄三日市署では鄭萬祚の

死體を

檢視のうへ飯場頭に引渡したが重輕傷の三名はたゞちに下山せしめ宇奈月藤田醫院に入院せしめ加療中である

「北陸タイムス」夕刊1937年7月22日

大掛りな實地檢證
奥黑部の殺人事件
山下辯護士、二時間に亘り無罪を主張
その判決を重視さ

黒部奥山國有林仕合谷における日本電力第三期發電工事場において横坑掘鑿中、昨年七月二十日不發ダイナマイトが爆發し死傷者を

「北陸タイムス」夕刊1938年11月10日

もに朝鮮人だった。この事故は飯場頭が業務上過失致死罪で起訴されたが、翌年一一月に大掛かりな実地検証を行い、専門家に鑑定を依頼し、弁護士が被告に有利になる証言を延々二時間にわたって行った。(「北陸タイムス」一九三七年一一月一〇日)結局、一一月二四日になって無罪判決が出た。これで、事故が起きても責任を問われないとのお墨付きがでたようなものだった。

第一工区は上流の仙人谷ダム建設と隧道工事だが、隧道が高温地帯(温泉湧出地帯)とぶつかり、岩盤温度がダイナマイトの自然発火点を超えた。そのため、工事を進めることができないとして初めに受注した加藤組が工事を放棄した。隧道が完成しなければ、「黒四」を含めてすべての計画がご破算となる。日電は佐藤組に工事を引き継ぐように攻めていたが、佐藤組は返事を渋っていた。「日本電力はまた当時の軍=政府の特別の支援と完成への圧力を受けていた」し、「必要な経費は要求通り支払うとの日本電力の熱心な勧めに口説き落とされるかたちであった」と村上兵衛氏は『黒部川』に書いている。工事を続行するには、機械の類の購入や高熱に対処するための研究費は当然としても、当時はなにより人の手が頼りであったので、労働者の賃金もいくらでも払うし、坑内環境を整えるためにもお金はいくら使ってもいいということだった。佐藤組は一九三八年春になって工事を引き受け、四月から再開した。この工事を請け負った親方がいたからだった。

ダイナマイトの自然発火対策

掘り始めた当初、仙人谷での岩盤温度は三三度だった。ところが、一三〇メートル掘り進んだ地点で一〇二度、さらに一三〇度となり、ある個所では一八〇度を突破したと蓬沢作次郎さんは『ふるさとの山野に生きる』に書いている。下流の阿曽原谷水路工事でも同様に横坑で坑内温度が四四度を超え、掘削作業は遅々として進まなくなった。上野菊一さんは「当時発破を掛ける時、いまも二人、今度も三人と、けが人がたくさん出た」(『新説・高熱隧道』)と話した。ダイナマイトによる事故である。

「北陸タイムス」は一九三八年八月二八日夜、阿曽原の隧道内でダイナマイトが自然発火で爆発し、南藤吉こと南慶述(35)外五名の半島人土工は無残にも頭部、顔面を粉砕して即死、山本政造他二名の内地人は瀕死の重傷を負うた。さらに、同時刻には人見平(仙人谷)の隧道工事でも土田武夫こと孫武述(38)外三名の半島人土工が重傷を負う大惨事が発生した」と、連続して起きているダイナマイト事故を報じた。日本人もいたが、多くは朝鮮人だった。

こうした状況に、秋になって厚生省が工事状況の調査をして種々注意を行ったが、担当官は言外に「大難工事であるため多少の犠牲は止むを得ざる」(「北陸タイムス」夕刊一九三八年一〇月二二日)ものとした。また、一時期県と警察から工事中止命令が出て対策をとるようにと指示されたが、打開策がないまま命令は解除された。ダイナマイト事故は新聞に掲載されただけでもかなりの数になる。小説『高熱隧道』にも書かれているが、関西電力北陸支社社内報

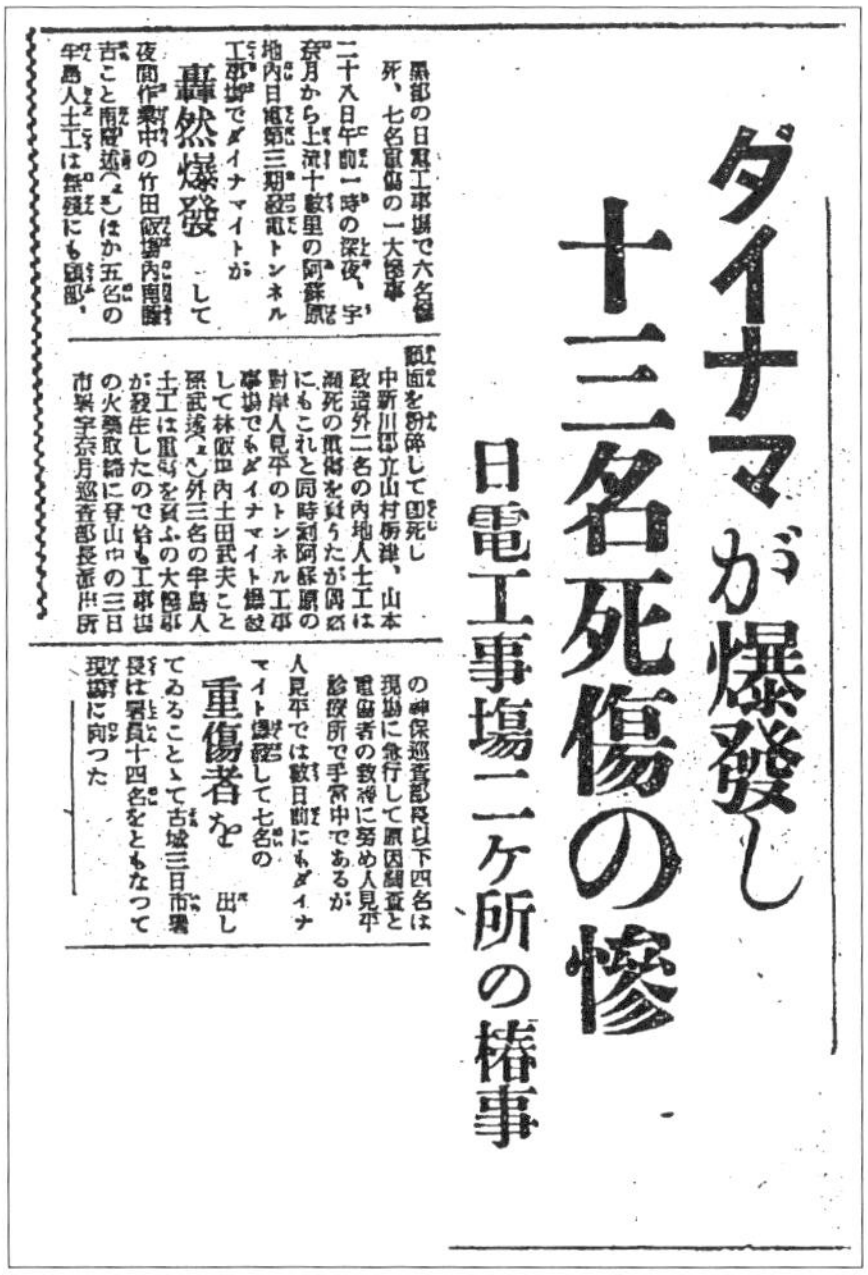
ダイナマイトが爆發し
十三名死傷の慘
日電工事塲二ケ所の椿事

轟然爆發 して

重傷者を 出し

「北陸タイムス」1938年８月29日

『ほくりく』232号（一九七七年一〇月）によると、一九三八年一〇月二三日の土木学会において日電の藤井雄之助氏によるダイナマイト改良についての研究発表があった。その論文には、ダイナマイトの自然発火と思われる事故が二、三回あったので、ダイナマイト自体の改良を研究するとともに、熱を遮断する容器（筒）の改良に取り組んだとある。最初にエボナイトを試してみたが駄目だった。次にダイナマイトの穴に氷の棒を入れて岩盤を冷やしてから、ボール紙で包んだ何本かのダイナマイトを竹の筒にまとめて穴にいれ、火薬装填時間を短くした。さらにファイバーの円筒を試したとも書かれている。

だが、爆発はその後も続いたのだろう。一九三九年五月一〇日の「北陸タイムス」は、日電はダイナマイトの使用を禁止して、県警の立会いのもと耐熱カーリット（浅野総一郎が生産を始めた爆薬）を実験した。有毒ガスを出す欠点があるが、アンモニア冷凍機と送風機によって爆破から一〇分後には入坑作業が可能なので、使用することにしたと伝える。『底方の声』で、此川さんは「後半事故報道が極端に少なくなるが、新聞に出ないだけで高熱による爆発事故は最後まで続いていたのだろう」と推測する。「死亡事故があると検死があり、その間作業が中断するので、負傷ということにして工事を続けていたという話も聞いたことがあ

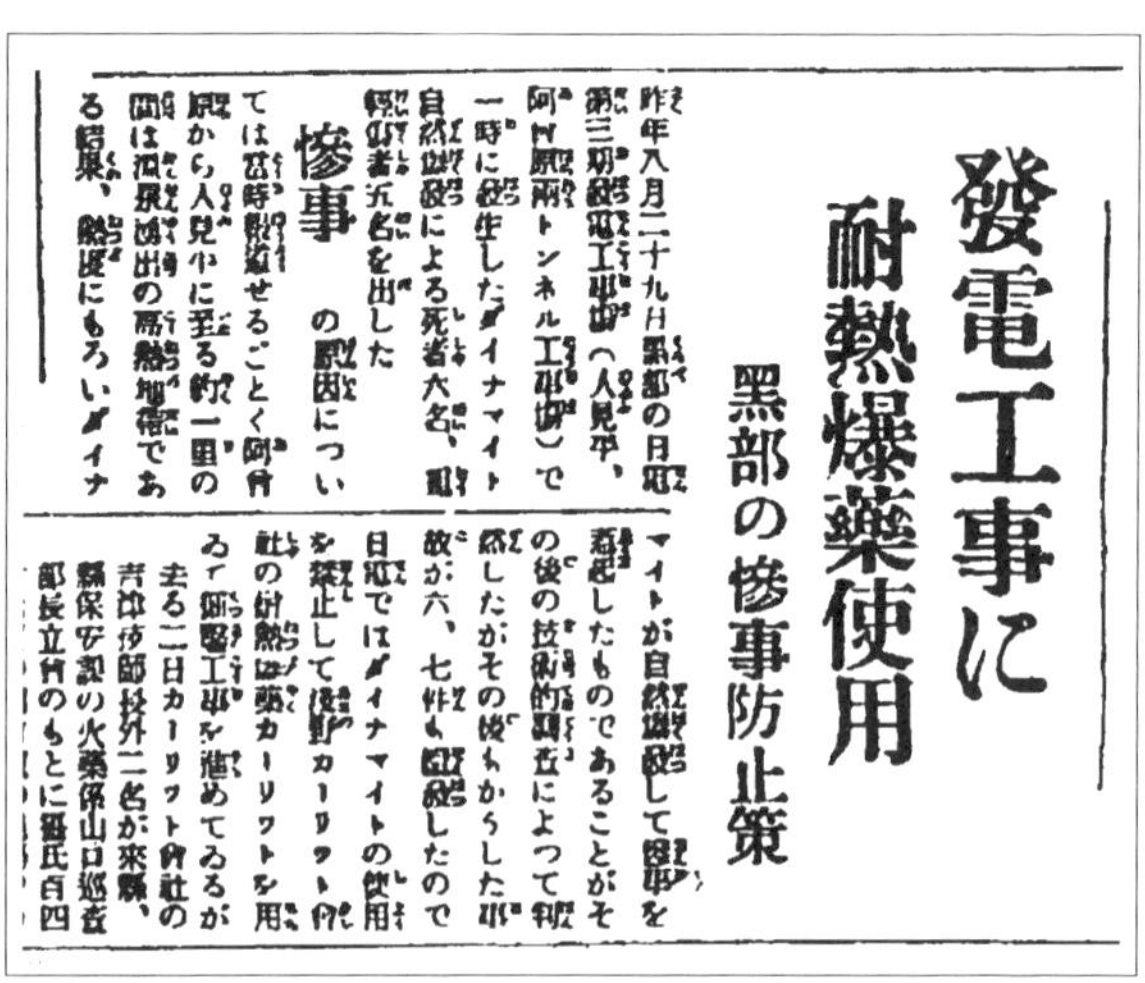
發電工事に耐熱爆藥使用
黑部の慘事防止策

昨年八月二十九日黒部の日電第三期發電工事場（人見平、阿曾原兩トンネル工事場）で一時に發生したダイナマイト自然爆發による死者六名、重輕傷者五名を出した

慘事

の原因については當時報道せるごとく阿曾原から人見平に至る約一里の間は温泉湧出の高熱地帶である結果、熱度にもろいダイナマイトが自然爆發して慘事を惹起したものであることがその後の技術的調査によつて判明したがその後もかうした事故が六、七件も爆發したので日電ではダイナマイトの使用を禁止して淺野カーリット會社の耐熱爆藥カーリットを用ゐて隧道工事を進めてゐるが去る二日カーリット會社の青木技師外二名が來縣、縣保安課の火藥係山口巡査部長立會のもとに[illegible]

「北陸タイムス」1939年５月10日

る。人命よりも工事が優先され、多少の犠牲はやむを得ないと工事関係者も国も思っていたのだろう」と記す。

高温の坑内作業

新聞は、犠牲者を「人柱」と書いている（「北陸タイムス」夕　一九三七年二月六日）。それでも、高熱と不発ダイナマイトによる連日の事故にもかかわらず、戦争遂行のために一日も早く関西に電気を送ることは至上命題だった。地熱の異常な高さは着工前からわかっていたが、工事に差し支えるほどだとは考えていなかったという。ふつう、地質調査は通常施工の数年前に専門技師によって行われてからルートが決められる。日電は調査を依頼するにはしたが、ダムの位置を変えたこともあり、それも工事開始の直前だったので、日程や地理的条件が限定され、ルート変更はできなかった。岩盤温度が百数十度という高温の隧道

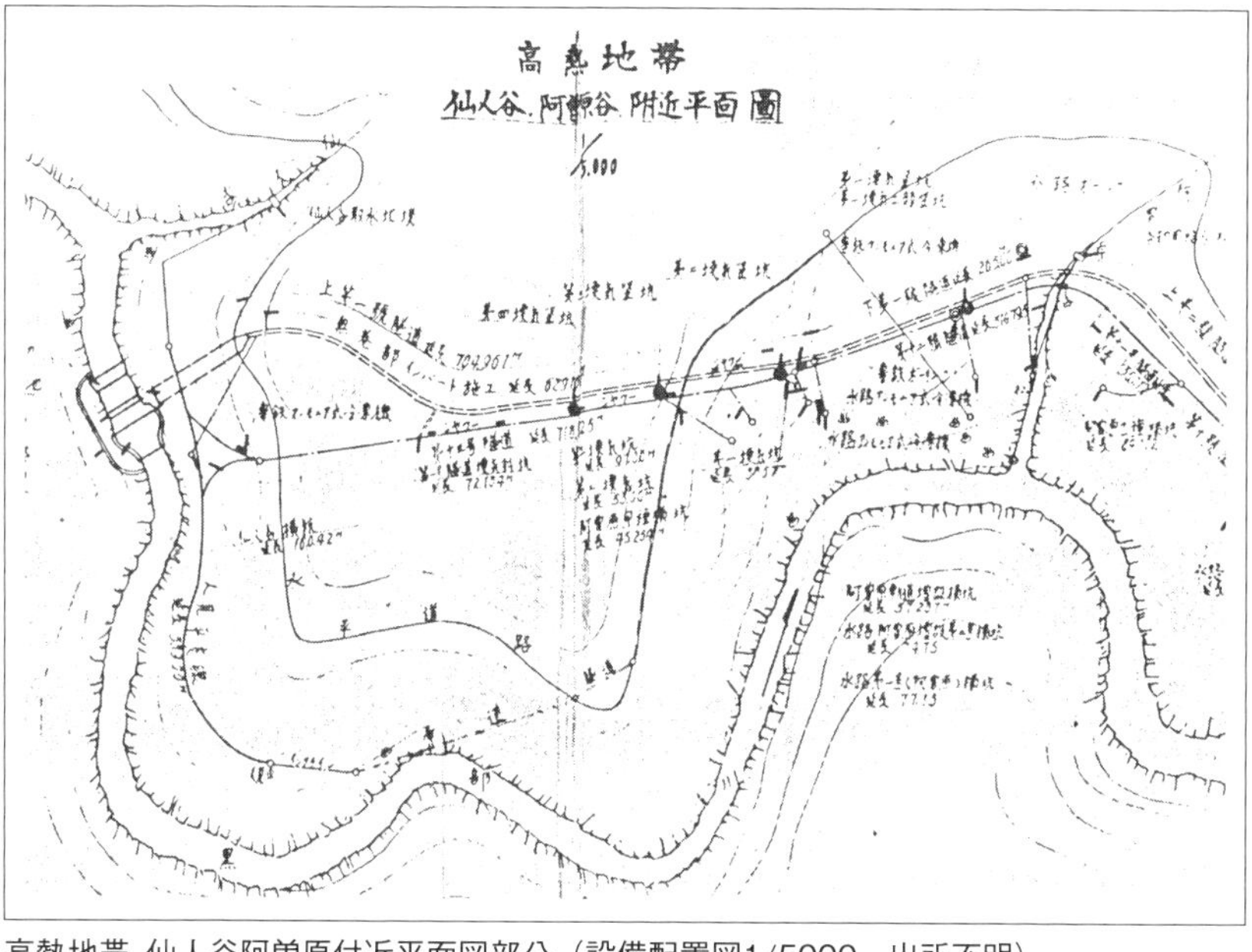

高熱地帯 仙人谷阿曽原付近平面図部分（設備配置図1/5000　出所不明）

のなかで工事を進めるしかない。ダイナマイト事故への対策に加えて、作業環境の改善は必須だった。佐藤工業社史『一一〇年の歩み』によれば、坑内の温度を下げるために横坑を増設してアンモニア冷凍機で送風し、黒部川の水を汲み上げて岩盤を冷やす対策がとられた。「作業員四人に二人の水かけ夫と二人の補助員をつけることにした。水かけ夫は後方一〇メートルのところからノズルで作業員に水をかけ、水かけ夫には補助員が水をかけるようにした」「補助員にはシャワーの水がかかるように装置をつけさせ、一定の時間が過ぎると、補助員と水かけ夫は作業員と交替、八人一組のチームは絶えず作業を滞らせることなく掘進作業を続けられるようにした」。坑内は、高温の空気と岩盤の熱を下げるために掛ける水で一〇メートル先が見えないくらいもうもうと蒸気が充満し、硫黄の匂いがして息苦しかった。加えて熱湯に浸かっての作業で、その温度も卵をつけておくとゆで卵ができるほどだったといわれる。慣れていなければ中に入ることさえむずかしかったといわれる坑内で、削岩機を使うことはおろか、膝上まである熱湯に浸かりながらズリを拾い出すだけでもたいへんな労働だった。

体力を消耗するので、作業は一〇分から三〇分交替で行われ、坑口

切端(左)、合羽を着て削岩機を使う(右)朝鮮人労働者　出典：関西電力「黒部をひらく」

で休み、塩分を補うために梅干を食べて出番を待って再び入坑した。そのため、一日の実動時間は短かった。火傷しないようにゴム合羽や肌着を着ていたが、ケガや火傷、発破による事故は絶え間なく起きた。死傷者が出ると、仲間に取りすがって「アイゴー、アイゴー」と泣いていたのを覚えている人もいた。

「アイゴー」とあるように、高熱隧道を掘り進んだのはすべて朝鮮人の労働者だったと奥田淳爾さんは「黒部川水域の発電事業（二）」に書いている。あまりに過酷な作業環境での重労働だったため、体力を消耗するので水代りにおかゆを飲み、ゆで卵を食べ、牛乳が用意されて、不調を訴えればカルシウム注射が打たれた。労働時間は一応八時間、三交代で実働時間は三時間ほどだった。ズリ出しで日給は一五円、切り端は二〇円～二五円というから当時では破格の賃金だった。それればかりか、「高熱隧道での仕事は、命知らずの朝鮮人だからできた」といわれ、技術力の高さに驚く人もいた。

こうして、一九三九年八月には欅平から阿曽原への隧道工事は終った。その後、多くの犠牲者を出した阿曽原―仙人ダム間の高熱隧道工事も二年余りかけて一千メートルを掘削、翌四〇年六月に完成した。その間水路も掘り進めたが、発電開始の直前まで安全な爆破方法を見

ズリを出す(左)、汗をぬぐい休息する(右)労働者　出典：関西電力「黒部をひらく」

つけるための試行錯誤は繰り返されていたと思われる。水路はともかく、軌道隧道はその後も高熱が続き、しばらくは使用できなかったといわれている。

現在も隧道内の温度は高い。二〇一六年一一月に仙人谷ダムを取材した毎日新聞の中本泰代記者によると、隧道内の気温は日によって変化するが、「現在は岩盤の温度が下がっており、取材の日には隧道出口付近の温度計は三一度を示していた」とのことだ。

命の代償

高熱のなかでの危険な作業であっても高賃金であれば、働きたいと思う日本人はいたかもしれない。しかし、削岩機を使うような体力を必要とする仕事ができる男性であれば、すでに甲種合格で戦場へと送られていた。「五〇キロもある削岩機を子どもでも抱きかかえるようにして持ち、穴を穿つために切っ先を岩面に突き刺して、振動に耐えることのできる頑丈な男はすでに朝鮮人しかいなかった」と、高熱隧道を請け負った親方、金泰景さんの息子・金錫俊さんは話した。朝鮮人でもできる人は限られていたのだ。そうした条件に合う労働者を確保するためには高賃金で人を集める必要があったが、幸いにも話を聞きつけて全国の飯場から労働者が集まって来た。死と背中合わせの作業なのに逃げ出す者はいなかった。日本人がいくら高いお金が払われようと働かなかった現場で、命と引き換えに高賃金で働いたのだ。

それでも労働者は足りず、飯場頭自ら様々な方法で集める必要があった。志合谷雪崩事故で亡くなった金命石さんは渡航許可証の申請書を富山から送り、自分の出身地である慶尚南道居昌郡の各地から親戚や知人を呼び集めていた。また、父親が飯場頭をしていた朴敬浩さんは、人手が足りなくて、佐藤組に頼まれて、一九四〇年四月に父親と有峰ダム担当の人、仙人谷ダム担当の林さん（朝鮮人）の四人で朝鮮に募集に行った。「募集」が始まった後のことだったが、そのことを知らなかったのかもしれない。四五〇人から六〇〇人を求めたが、農繁期にかかるので一五〇人しか認められないと総督府にいわれた。できるだけ多くと交渉して、一ヵ月ほど待てと言われて、ようやく二〇〇人ほどを連れて戻った。その中から黒部へは七〇人から八〇人、工事に慣れていない人はダムに回した、と話した。八〇名は一九四〇年の砂糖配給申請書にある「直営鮮人組」とほぼ数が合っている。朴敬浩さんは、「黒三」完成後にそのうちの三〇人ほどを連れて岩瀬で運河の工事に従事したが、ここには工事現場の入り口に交番があり、いつも監視されていたと話した。こうして、工事場での朝鮮人の割合が高くなっていった。

　朴敬浩さんが募集に行った時期は、一九三九年七月からの朝鮮総督府が労務動員計画を施行した「募集」の時期となっている。それまでは知人などを通じて人集めをして面役所に届けていたが、「募集」が始まってからは、「縁故採用」であってもまず面役所に届けて、「募集」の割り当て人数に含めたのだろう。最初の「募集」の段階から行政と警察当局による強力な勧誘があったといわれる。その後、四二年二月から「官斡旋」、四四年九月から「徴用」が行われたが、「募集」であっても「官斡旋」

1935年完成富岩運河掘削工事　多数の朝鮮人が従事していた

であっても実態は強制だったし、「徴用」であればなおのこと、強制動員以外のなにものでもなかった。

賃金については、朴慶植『朝鮮人強制連行の記録』によれば、一般的に朝鮮人は日本人の五〇％から七〇％で、一九三五年の東京では土木労働者の月平均収入は二〇円七八銭で最低の生活を維持できる額だった。富山県内でも県人に比べて日当で二〇銭から三〇銭低い一円二〇銭から九〇銭だったが、労働がきついので月に二〇日余りしか働けなかった。そこから飯場頭が一〇％天引きして、飯場代、食事代・酒代を払うとほとんどお金は残らず、それも憂さ晴らしの博打で消え、ふつう仕送りはできなかったと言われる。先にも書いたが、奥田淳爾さんは、高熱隧道では労働時間は一応八時間、三交代で実働時間は三時間ほど、ズリ出しで日給は一五円、切り端は二〇円～二五円としている。また、清水弘さんは聞き取りから、切り端では六円×二〇日＝一二〇円として、大卒初任給七五円と比較している。それぞれかなり差がある。それでも、金錫俊さんは、「どこへ行ったって、黒部のように送金できたところはありませんよ」と胸を張り、孫秀栄さんも、給金が支払われると、字が書けない人の代筆をして宇奈月郵便局から送金したと話した。ともあれ、「黒三」建設のころの宇奈月では賃金がよく、送金することができたということだろう。

富山県は、すでに一九三九年からは労働力の供給県から需要県になっていた。それでも、「土工賃は佐藤組では工夫は二円八〇銭から三円二〇銭、土工は二円五〇銭から二円八〇銭、加藤組では工夫土工平均二円三〇銭と大差がなきも…」、樺太四円、他も三円以上が多く、他地域と比較すると低く、出稼ぎに行くものが多い。転々と職場を変える者が多く困るので発電工事では何とかしようとしているとの記事（「北陸タイムス」一九四〇年七月九日）も見られる。

労働者の監視は一九二〇年代初期のころから徹底して行われている。強制連行時でなくても、過酷さに耐えられず逃げだした人は常時いた。黒部峡谷では、逃げようにも宇奈月駅前には三日市警察の派出所があり、そこで捕えられた。外出にも許可が必要で、逃亡して捕まった人は見せしめに半殺しにあったとのことだ。そのために、険しい山越えをして逃亡することもあったが、山中で遺骨が見つかったり、逃げ切ったと思っても逃亡先で見つけられたりすることもあった。

朝鮮人労働者の人数

ここまで、「黒三」工事の進捗状況に合わせて、朝鮮人との明示がある事故の記事を中心に書いてきたが、黒部峡谷の工事場に朝鮮人はどのくらいいたのだろうか。また、約三分の一が朝鮮人だったといわれるが、それに根拠はあるのだろうか。

「黒三」工事は工期が四年以上にわたり、延べ労働者数は二八〇万人といわれるが、日本人（内地人）と朝鮮人（半島人）の人数内訳を書いた資料はないようだ。当初事故報道では朝鮮名と日本名が書かれたが、創氏改名以降は日本名のみになっている。帰国者名簿などが残っていればいいのだがそれもない。ちなみに、知事引継書にも朝鮮人帰国に関する記述は見当たらない。

当時の労働統計調査によれば、「黒三」建設に従事していた労働者数は、

一九三六年～一九三八年は資料なし

一九三九年　三四五五人（内　阿曽原二三〇〇人）　技術者　八八人

一九四〇年　二三〇〇人（内　阿曽原一六〇〇人）　技術者　八四人

一九三五年七月二三日『北陸タイムス』夕刊には「四五、六〇〇名を使役して…」、同年九月一九日付「北陸日日」には「黒部奥山国有林では土工三千名…」とある。一九三五年から七年に掛けては愛本発電所工事もあり、黒部川流域では人数が多い。一九三七年九月、朝鮮人の社会大衆党（一九三二年に社会民衆党と全国労農大衆党が合同して成立）富山県支部黒部班結成時の加入決議文には「黒部川上流の発電工事に働く吾等二千の土木建設労働者は、毎日数名の負傷者を犠牲として文明の光たる電気を生み出しつつある」と書かれる。一九三八年六月二七日付『北陸タイムス』には「約千人の土工が工事に従事」とある。

「黒三」建設が大詰めの一九四〇年の国勢調査によれば、各工事場での人数は以下である。

人見平（仙人谷）	九三五人
阿曽原	八〇〇人
志合谷	二〇〇人余り

事業所別では、以下である。

日本電力	一二ヵ所	六三四人
佐藤組	四七ヵ所	二四五二人
大林組	二三ヵ所	四五九人
全体	八二ヵ所	三五四五人

以上は、日本人も含めた人数である。名簿があれば本籍地で朝鮮人かどうかわかるかもしれもないが、わかるのは新聞報道による工事で犠牲になった人だけだ。技師をしていた蓬沢作次郎さんの話によれば、一九四〇年当時人見平（仙人谷）のダムと隧道建設現場には八〇〇余人の「人夫」がいて、技師や世話人を除けばそのほとんどが朝鮮人だったという。現場毎の人数は工事の進捗状況によって変化するが、建設会社が同じであれば、峡谷内の現場を移動し、全体の人数はそう変わらなかったのではないか。なお、富山県協和会ができる直前に「黒部奥山で常会結成　二百の半島人」（「北陸タイムス」一九四〇年九月二六日）の記事があり、三ヵ所で融和会常会の結成式があり、宮城遥拝、戦死者黙とう、誓詞読み上げなどを行っている。全員が参加することはないであろうし、その何倍かの人がいたと思われる。

村上兵衛が記した『黒部川』（一九八九年関西電力）は、関西電力北陸支店社内報『ほくりく』に数回にわたり掲載された詳細な資料や調査、記録、関係者の証言などにもとづいて書かれていたと思われる。ここには「現場労働者の三分の一を占めたといわれる朝鮮出身者」との記述がある。一九四〇年の国勢調査では、全体で三五四五人となっており、それが国勢調査の本籍地から導き出されたものなら、三分の一は一二〇〇名であり、一〇〇〇名余りといわれている数と近い。

なお、三分の一は定説のようになっている。そうであれば、三分の二は日本人である。朝鮮人ばかりではなく、新聞に掲載された志合谷の犠牲者の本籍を見ると、富山県の東部、新川地域の人も多いし、東北地方をはじめ全国各地から奥黒部に来ていた。こうしてみると、隧道など危険を伴う現場に朝鮮人労働者が多かったのは証言からも事実だが、自国の労働者の命もまた大切にされていなかったのだ。

日本及び富山県内の朝鮮人人数

（内務省「社会運動の状況」－朴慶植『税日朝鮮人関係資料集成』より）

年	全　国	富山県（各年度末）	備　考　；　新聞等より
1912	3,171		
1913	3,635	1	
1914	3,542	1	
1915	3,917	5	
1916	5,624	5	
1917	14,502	70	
1918	22,411	25	立山砂防工事場172名、常願寺川植樹工事63名
1919	26,605	68	
1920	30,189	53	
1921	38,651	37	高岡市内在住35～36名
1922	59,722		大山村県営水電200余名
1923	80,415	179	朝鮮人労働者、本県3000余名
1924	118,152	1,339	朝鮮人土工およそ2000人、飛騨宮川筋日電工事朝鮮人土工4000余名
1925	129,870	1,205	日電蟹寺、飛越鉄道、神通改修等1000余人、黒部日電千数百人
1926	143,796	3,375	8月頃、朝鮮人土工3000人以上
1927	177,215	1,570	2129人（三日市869、井波469、富山224、大久保163、高岡63、新湊83、伏木62）
1928	238,102	1,074	3月末1438名、（県社会課朝鮮人調査、庄川筋391、富山市225、上新川郡下夕村145、婦負郡速星村147、東砺波郡157）新庄署・大久保署調査－失業朝鮮人1300～1400 飛越線第二期工事場約1000名 10月3033名（大久保670、三日市570、新庄署管内550、城端署管内460、主として水電工事従事の土工）
1929	275,206	1,295	
1930	298,091	2,167	
1931	311,247	1,145	『富山県警察史』－県内2000の朝鮮人労働者、 失業者300人県下在住朝鮮人労働者1500名（有選挙権38名）
1932	390,540	875	朝鮮人失業者71名
1933	456,217	1,127	
1934	537,695	1,897	
1935	625,678	1,641	日電黒部猫又発電所約1000名
1936	690,501	1,703	
1937	735,683	2,084	
1938	799,878	3,056	有峰県営和田川発電約1000名、黒部第三発電約1000名 県下在住朝鮮同胞3500名
1939	961,591	3,297	「協和会」－県内在住朝鮮人4,875名
1940	1,190,444	5,876	北日本新聞『新建築の挺身隊』－県内在住朝鮮人7,150名
1941	1,469,230	3,250	
1942	1,625,054	3,683	「協和会」調査総人員3,848名
1943	1,882,456		
1944	1,936,843	13,842	「協和会」調査総人員　7,290名
1945	2,365,263	9,435	『富山県警察史』－終戦時25,000人

出典：『黒部・底方の声』

「黒三」は戦争の申し子

大きな事故があれば、ふつうは事故原因が明らかになり、改善が確認されるまで作業は再開されない。しかし、戦時であり、その上事故の刑事責任は問われず、志合谷ホウ雪崩事故では直後に御内幣金の下賜を発表して、何が何でも「黒三」は完成させるという抗うことのできない、見えない「意志」が働いていた。高熱隧道はルートを変えることなく、対策、対応のための必要経費は要求通り支払われ、人の命より重いなにかが優先されて、工事は進捗していった。

当時の新聞を見ると、一面には政治や戦争の方針など、二面には経済や産業、三面に中国での郷土軍の戦果と電源工事関連、いわゆる社会面の記事が並び、「時局」を象徴している。日中戦争は加速度的に泥沼化し、工事場では月日の経過とともに人員ばかりか建設資材等の不足も深刻になった。工事費は二倍に跳ね上がり、三八年六月時点で早々に「黒四」建設が断念された。同じ様に、各地の工事中のダム建設も中止に動き始めた。

一九三八年、綿糸配給統制規則によって国内綿糸の消費量が規制されたことに始まり、三九年の電力調整令、四〇年の砂糖・マッチの切符制、四一年の米穀配給制、四二年の衣料総合切符制と統制が進み、日用品から生産資材に至るほとんどの物資が統制配給の対象となった。ダム工事に大量に必要なセメントも不足をきたすようになり、一九四〇年一一月より切符制になった。一九三九年にコンクリート打設が始まった富山県営有峰発電所工事では、セメント入手のための陳情がなされた。その後この事業は富山県から日本発送電へと引き継がれたが、結局建設は中断され、戦後工事が再開されて一九六〇年に完成した。一方、「黒三」は関西工業地帯への送電であり、国策指定を受けていたので資材調達でも無理が利いたのであろう。それでも、「黒三」でもセメント不足を補い、ダムの重量を増すために石を入れるなどの工夫をしていた。

食料不足もまた深刻だったが、黒部では「国策事業」ということで、例外とされていた。米、砂糖、酒等は配給制だったが、黒部峡谷の工事場では高熱隧道に限らず、どこの飯場でも「幽霊人口」を作って水増し申請しても、見て見ぬふりで食料は確保されたといわれる。どの現場も昼夜交替勤務なので食事はいつでも準備されており、腹いっぱい食べることができた。幽霊人口に加えて、砂糖の配給では、町では一人〇・四斤、村では〇・三斤だが、内山村は例外的に〇・四斤にしないと不平不満が起きると県に申し入れている。他の食料などでも同様に加配を受けていたのだろう。

こうした大きな犠牲を払いながら、「黒三」は予定より一年以上遅れて一九四〇年一一月二一日に完成、一部発電が行なわれ、翌一九四一年年九月三〇日になって最大出力八万一千キロワットを達成した。工費は当初計画の三倍弱の三九二五万円に増え（奥田同書）、延べ人数二八〇万人、当時の日本最大の水力発電所となった。「黒三」完成に全力を尽くしたのち、日電は一九四二年四月一日に解散して、配電統制令により日本発送電に吸収された。

これまで「国策会社」とか「国策事業」などと書いたが、これは政府の強い統制下にあった半官半民の特殊会社の一群による特別の会社や事業のことである。関西の電力を賄う日本電力株式会社、電力管理法などに基づいて設立された日本発送電株式会社がそれであり、戦争遂行のために必要な事業には国家の保護のもと特権を与えられた。つまり、国策といえば「これが目に入らぬか」といった葵の御紋の印籠のようなもので、戦勝のためにあらゆる困難を排除して、人を含めてあらゆる「資源」が投入された。それが、

「『黒三』は戦争の申し子」といわれる所以であろう。

なお、黒部奥山にはモリブデン鉱が二ヵ所あった。戦時、その一つ、僧ヶ岳の鉱山に朝鮮人が強制動員されていた。奥田淳爾「黒部奥山のモリブデン鉱」（『黒部川扇状地』第一六号）によれば、池の平山の標高二千から二千三百メートルあたりにあった小黒部鉱山は、第二次大戦時は海軍の支援で稼働し、精鉱は人の背に担がれて上部軌道の阿曽原まで運ばれ、竪坑、峡谷軌道で宇奈月に送られ、日本電解精錬所鶴見工場へ回送された。また、標高二千メートルにある僧ヶ岳モリブデン鉱の開発は陸軍の援助で行われた。「一九四三年六月から三ヵ月がかりで採鉱、索道、送電線が施設され、内山地内の『荷上り』には従業員の社宅が一〇〇戸近くもつくられ、黒部鉄道の駅もでき」、朝鮮人労働者もかなりいたとのことだ。しかし、冬期の降雪と暴風のために施設は壊滅的な被害を受けて、四五年の春には撤退した。地域の人たちも雇用されていたが、残念ながら詳しい聞き取りはされていない。

「黒三」完成　「北陸タイムス」1940年11月8日

帰国に際して

一九四五年八月一五日以降のことだが、『富山県警察史・下』によると、富山県内には終戦時東岩瀬の六千人を筆頭に、富山・高岡・伏木・新湊など二万五千人を超える朝鮮人がいた。うち約二万人が労働者だったが、四五年一二月までに大部分が帰り、翌四六年三月一八日、全国一斉に登録が行われたときは四、三〇九人が在住していた。同年一二月末には三四〇〇名に減少した。

佐藤組で働いていた朝鮮人の帰国について、佐藤組事務責任者宮嶋治男氏によれば（対談「黒部をひらく」）、黒部で解放を迎えた朝鮮人たちには、終戦の詔勅のあった八月一五日の翌日すぐに配給券と米を分け与えた。帰国を希望した者については切符と旅費（男性二百円　女性壱百円　子供五拾円）を渡し、その時帰国しなかった者も一〇月から一一月にほとんど帰国させたという。この素早い佐藤組の対応を見ると、一五日に敗戦の詔勅があることを事前に知り、銀行からお金を下ろしておいたのだろうか。帰国についても費用や切符などについて交渉した親方がいたかもしれない。

一方、齋藤勉さんの取材によれば、八王子では八月に入ると空襲警報があると坑内に入ることが続いて仕事にならなかった。十四日には翌日重大発表があるからと事前に言われ、何が起こるかわからないので火薬と食料を集めた。当日は事務所前の広場にみんなが集まってラジオを聞いた。その後、帰る者残る者の希望を聞いて手当を準備しなくてはならず、倉庫を開けて米と配給券を分けるように指示した。さらに、八王子の工事は鉄道省建設部関連の仕事でもあったので、そこでお金と切符を何とかしてもらって渡した。実際帰国し始めたのは一〇月、一一月だったので、朝鮮へ帰る手続きを一括して行ったと、宮嶋副社長と神藤常務は証言している。

5　犠牲者の追悼と慰霊

呂野用墓

「もうだいぶ前になるけど。その時も見つからなかった…」と言いながら、著者は竹内康人さんと、朝鮮人の呂野用さんの墓「呂野用墓《よやよんぼ》」を見つけようと、富山地方鉄道内山駅の山側にある雑木林の中に踏み入った。二〇一九年四月二九日のことだった。前回から二〇年も経てば樹々は育つし、雰囲気も変わる。春は盛りを過ぎていたが、幸い、山間地では下草は芽吹いたばかりで土も見える。みつけるなら今しかないと思っていた。しかし、なかなかみつからないので、「あきらめようか」と口にしたときだった。「いや、この近くだ」、竹内さんはそう言って、もう一歩林の中に踏み込んだ。「あった！」。私の脇の高さほどに灰色の墓が立っていた。竹内さんは、「呼ばれていたんだよ」とこともなげに言った。

竹内康人さんは、朝鮮人労務動員や遺骨問題の研究者だ。墓をつきとめてからがまた一仕事だった。墓は八〇年以上前に立てられており風化が進んでいる。竹内さんは「こんなこともあろうかと思って…」と言いながら、ポケットから前日夜の鱒寿司に付いていたヘラを取り出した。何をするのかと思えば、墓石の文字のくぼみに湿った土を埋め込み、彫られた字を浮き上がらせるのだ。「呂野用墓」は、大きく彫られているのですぐできた。問題は細かい文字である。丹念に黒ずんだ土を埋め込んだ。右横には昭和十二年と見えるがその下はどうやってもわからなかった。一章には「昭和一二年十月九日死亡」と書いている。『黒部・底方の声』の取材の折、さらにその後も何回か案内を頼まれて訪れているのに頭も風化している。裏面には微かに朝鮮と読める文字がある。また同じようにして、文字を浮き出たせていった。「朝鮮慶北大邱明進…」まで読めた。周囲から芽吹き始めたばかりの草を摘んで墓前に供えた。

のちに、墓の側面に刻まれた「朝鮮慶北大邱明進…」は間違いだとわかった。朝日町、入善町の歴史愛好家でつくる昭和史セミナーにより「朝鮮慶北大邱明治町」と解読された。「昭和史セミナー」から図書館司書である杉本ますみさんに明治町の現在の位置を調べてほしいと要望があり、以下を調査し報告したと聞いている。

呂野用墓と竹内さん　2019年４月

朝鮮を植民地化した日本は、大邱府に日本名で市区を定めた。明治町はその中の一つである。『一万分の一朝鮮地形集成』で、明治町を探ると大邱駅の近くであることが確認できる。さらに、国立国会図書館デジタル送信サービスで収録されている「大邱府史」を繙き、大邱洞名と日本町名を照合する事項に辿り着いた。「明治町」は現在の「桂山洞」であることが分かった。加えて、『一万分の一朝鮮地形集成』に掲載されている大邱府の地図と現代のグーグルマップを広げこの二つの町を照合すると見事に合致した。

著者は、この墓を建てた常照寺の樋口和丸住職(故人)に話を聞いたことがある。また、フィールドワークで説明をお願いし、大勢の人たちを案内したこともある。『底方の声』は樋口住職の話を以下のように書いている。

この墓は、昭和一二年、一九三七年に黒部（峡谷）で雑用人夫をしていた中易外次郎さんと田中石次郎さんが黒部で亡くなった人の人骨だと言って骨がめに入れて寺へ持ってきたので、それを納めて立てたのだということである。また、この墓には全部でおよそ二〇人の遺骨が納められていると樋口さんは父親（樋口恵昇前住職）に聞かされたそうである。

家族が宇奈月周辺でいっしょに暮らしていたり、同郷の人がいた場合は遺骨を持ち帰っているので、おそらく単身で来た人のものだろう。その後、消し炭といっしょになった朝鮮人のお骨がセメント袋に二袋運ばれてきた。（阿曽原のホウ雪崩事故の遺骨の可能性）それで先代住職は宇奈月の樹徳寺の住職と相談して、当時の内山村村長に頼んで、宇奈月の火葬場に無縁仏の墓を建ててもらい、樹徳寺で預かっていたお骨とともにそこに納めたという。一九八七年に火葬場がなくなるのを機に、宇奈月町薬師寺の墓地内に「萬霊之塔」を建て、そこに無縁仏の骨は納められた。

萬霊の塔

薬師寺の墓地は、内山から宇奈月温泉街に至るトンネルの手前山側にある。道路から墓地へと向かって脇道の坂を上っていくと広場に行き着く。そこに、台座の上に観音さまがすっくと立っておられる。台座の右横には宇奈月町、関西電力、自治振興会と記してあり、左後ろ下には、小さなお地蔵さま三体が置かれる。これが「萬霊の塔」である。

宇奈月の歴史を無縁の人たちの目線で素朴に記した「萬霊の塔縁起」が残る。樋口住職が保管しておられた。宇奈月の歴史だけでなく、植民地の人も遠方から来て宇奈月に骨を埋めることになった無縁の人も差別することなく大きく包み込んで追悼し、地域の人たちにも供養してくださいとお願いする、何とも仁愛に満ちた文章である。全文を書き記しておく。

萬霊の塔（薬師寺墓地内）

「黒部開発　温泉開発　萬霊之塔縁起」（原文のまま）

大正の中頃迄桃原台（宇奈月温泉街）は二軒の作小屋丈で定住する者は一人もいない荒蕪地でありました。

この台地の下を流れる雪解けの豊富な水量と急流に、最初に着目した高峰譲吉博士に依る東洋アルミナム（株）の電源開発、これを継承した日本電力（株）、関西電力（株）の黒部川開発史がそのまま宇奈月温泉開発史なのであります。

この開発の途上に亡くなった多くの人たちの中、遺骨の引き取り手なく無縁仏となった人も少なくなかったのです。

大正期末期柳河原工事の雪崩で三五人、昭和一三年一二月二七日志合谷雪崩で八四人、昭和一五年一月一九日阿曽原雪崩で二六人、また昭和一一年から一五年までの高熱隧道工事では朝鮮人労働者を含む数多くの犠牲者が出たのでありました。「アイゴー、アイゴー」と泣き叫ぶ白衣の異口（国）風葬列はいまも瞼の底に残っています。この人たちはもとより無縁の仏となりました。

又、旅館街では、昭和初期の世界的不況から多くの出稼的労働者として、女中さん、番頭さん、芸者さんがいて、この中に無縁の仏となった方々がたくさんおられました。戒名とて無く、春秋の彼岸には詣でる身寄りもなく、ひっそりと眠って居たのでありました。

宇奈月温泉の入り口、黒部川沿いの火葬場建物の周囲にこの仏たちは永く埋葬されて居たのですが、昭和六十二年七月火葬場廃止に伴って改葬の為発掘した折、多くの遺骨は土に帰ったものの尚新しい骨壷にいれて四一基の御仏をこの度薬師寺霊園の新墓地に納骨する事になったのであります。

新墓地建立に際しては御喜捨賜りました宇奈月町、関西電力（株）、自治振興会の皆様に厚く御礼申し上げます。

現在の隆々と栄える宇奈月温泉の淵源として人柱に立った御仏達をこれから毎年八月七日のお盆の入り

に墓経を務めてまいりますが、地域のみなさまの変わらぬ御供養を御願い申し上げます。

昭和六十二年七月二十七日

桃原山薬師寺住職　舘　全鏡

奉賛会長　佐藤　喜一

「萬霊之塔縁起」に名を連ねる舘全鏡薬師寺住職は、明朗闊達で深い知見を持つ尼さんであり、温泉街の人々から慕われ相談にのることも多かったという。また、奉賛会長の佐藤喜一《よしかず》氏は、旅館「さとのや」の二代目である。佐藤氏の次女関口智恵子さん（烏帽子山荘の現在の女将）から昭和半ばころの旅館で働く方々の様子について話を伺った。「ときおり旅館の勝手口に荷物を抱えた男性や女性が現われることがあった。次にお見かけすると館内で働いておられたことがよくあった。病にかかり亡くなることもあった。様々な理由で、故郷に帰ることが叶わない人は、どこの旅館にもいらっしゃったと思う。父は、この方たちの墓を立てることを長い間願っていた。「萬霊の塔」には、朝鮮半島へ帰ることのできなかった方たちも眠り、確かに萬霊を弔うお墓である。父が老後の晴耕雨読を夢みて建てた「烏帽子山荘」近くの薬師寺墓地に「萬霊の塔」が建立されているのは、偶然なのかどうかはわかりません。また、「萬霊の塔縁起」の文を執筆したのは父であることは、姉も妹も私も最近まで、知りませんでした。」（二〇二二年一〇月聞き取り）

死を悼む心

「呂野用墓」だが、お骨を常照寺に持ってきた二人の名前を樋口住職は記憶していた。同じ内山村の人とはいえ、なかなかできることではない。また、数えきれないほど多くの朝鮮の人が黒部峡谷で亡くなっているが、他に朝鮮人の墓も追悼碑もなく、あるのはこれ一基である。呂野用さんが亡くなったのは、事故でかもしれないし病気でかもしれない。そして、家族も知人もいなくて、所持金がいっしょに届けられたので、樋口住職はそのお金で御影石のお墓を立てたのではないかと推測する。

長い間忘れられていた呂野用墓。関口さんの妹の杉本ますみさんは、初めてお墓の調査をした時の記憶を書いている。(「宇奈月・戦前の黒部ダム建設工事と植民地朝鮮―朝鮮人墓標の発見とその後―」昭和史セミナー講演二〇一一年五月)

ふらふらとお墓の周りを歩いておりました。すると杉林の隙間から旧宇奈月小学校の体育館とグラウンドが見えるではありませんか。子どもだった私がすっかり大人になり、すました顔で内山の杉林から小学校跡地を見ている不思議さ、何故にここに立っているのだろうと夢のように感じておりました。

しばらく小学校の跡地を眺めているうちに、このお墓に眠る方々にもご家族、子どももあったろうにどのような思いで、日本の小学生が遊び回る姿を見ていたのだろうか。朝鮮半島で過ごしていた子ども時代には、まさか何十年後かに異国の名前の知らない土地に、自分のお墓が建てられるとは夢にも思わなかったことでしょう。また、宇奈月小学校のグラウンドで遊んでいた子どもたちも黒部の奥深い山で、無念の死を遂げた朝鮮人労働者のお墓が小学校の近くにあるとは、知る由もないことです。…

さらに偶然のことだが、杉本さんは、お骨を届けたという田中石次郎さんのひ孫の田中智明さんと同級で、その繋がりから田中さんからも話を聞くことができた。石次郎さんは工事場の世話人として内山村の人たちに記憶されている。ときおりその石次郎さん宅に村人が相談に訪れると、まず風呂に入るように勧め、風呂から出るとあり合わせだが洗濯した着物を着せ、腹いっぱいご飯を食べさせたという。当時の内山村では、日本人も朝鮮人に劣らず貧しい暮らしをしていたが、精一杯のもてなしをしたという話が残る。さらに、石次郎さんは、納得がいかないことには警察官に対してだろうが直談判し、労働集会ではリーダーシップをとっていたという。さらにさらに、志合谷ホウ雪崩事故のあと、「遺族の一人内山村の田中石次郎さんから（遺体捜索のために）猫又発電所堰堤を排水して捜査してくれという願いが出され…」たが、日電も県も甚大なる損害を招来するとして許可しなかった。（「北陸タイムス」一九三九年八月三一日）自分も息子・勝之（当時二一歳）が帰るのを待つ身であり、家族のもとに帰ることのできなかった遺骨を憐れんで、その後も常照寺に遺骨を届けたのだろう。こうして、墓には二〇人ほどの遺骨が納められたという。石次郎さんのように、同じ人間として朝鮮の人たちと付き合っていた日本人もいたのだ。

その後、呂野用墓の場所を「昭和史セミナー」に教えたという松平《まつひら》道子さんに、どのように墓のことを知ったのかを聞くことができた。かつて松平さんの家は内山駅のそばにあり、野菜を作って売っていたのでいつも畑に出ていた。常照寺の樋口和丸住職がよく家の前を通って呂野用墓にお参りに行かれたので、住職と話をしたり、いっしょにお参りをした。お墓には何人もの朝鮮人のお骨があることを聞き知り、また、「苦労しているのを見ていたので、墓の前で手を合わせるだけだから雑作もない（人間として当然）」ことだった。墓の周りだけが常照寺の地面で、住職は草を刈ってきれいにしておられた。朝鮮に帰る人から供養をしてほしいと頼まれていたようだ。

朝鮮の人たちは、内山の村落内ではなくて、愛本トンネルの手前（宇奈月側）にバラックのようなものを建てて住んでいた。遠いところからきて、貧しい生活をしていたので、「きのどくやな」とか、「そんなひどい扱いをしなくても…」と子どもながら思っていた。「私は昭和八年生まれで、子どもたちと学校ではいっしょに遊んでいた。でも、家に帰って遊ぼうとすると陰口を言われるからダメだと言われた。そんなことすると陰口を言われるから…」。松平さんは、子どもたちもかわいそうだと思った。それは女の子がずいぶん早く結婚させられていたこと。日本人も兵隊なんかに行くときに若くして結婚したが、朝鮮の人たちはもっと早かった、と語られた。

松平さんは、幼いころの記憶と樋口住職に感化されて、「呂野用墓」によく手を合わせた。田中智明さんは、事情を知って近年昭和史セミナーの「呂野用さん追慕のつどい」に加わった。曾祖父の石次郎さんや朝鮮の子どもたちとよく遊んだと話しておられたお母さんの影響だという。谷の村の少女たちは、異国の生活習慣に子どもらしい興味をもったのだ

祖母谷売店の前の田中石次郎さん（左）と息子の左平さん。左平さんは智明さんの祖父　提供：田中智昭

志合谷地蔵堂（佐藤工業建立）
志合谷ホウ雪崩事故のあった横坑入り口に小さな地蔵堂がある。ここへは何度か行ったが、いつもきれいに掃除され、酒やたばこが置かれ、花が手向けられていた。（撮影1992年）

ろうか。ここには、「因縁和合」という仏教の教え以前の人間の生き死にを尊ぶ気持ちが生きているように思われる。

「黒部にケガはない」といわれる。事故は、即、死を意味した。峡谷の各所、隧道の各所で人が亡くなっている。佐藤組が担当した黒部第三ダムだけでも三〇〇名以上になる。同社は八四人のホウ雪崩による犠牲者が出た第二工区の志合谷に御堂を建てて木像を祀った。関西電力はここで長年工事関係者や遺族とともに毎年追善法要を行っていた。著者が遺族とともに志合谷に行った時に案内してもらった関西電力社員の方は、法要をおこなうことで志合谷事故の教訓を伝え、社員の安全教育としていると説明された。

このほかにも、宇奈月温泉街の薬師寺前には「黒部開拓殉難者供養塔」があり、「施主日本工業合資會社」と左下方に彫られている。一九二八年五月二〇日建立と裏面にある。また、阿曽原にも軌道への横坑入口に「阿曽原殉難之碑」があり、入口は金網を張って厳重に管理されている。阿曽原を訪れた折、工事関係者らが横坑に入っていくのに遭遇した。関係者以外立ち入り禁止となっていたが、お参りするようにと工事関係者に促されて入ってみた。ろうそくと線香が幾つも焚かれて野の花が供えられていた。ほとんどの人が碑の前で立ち止まって手を合わせ、足早に定時の軌道車に乗るために奥へと急いだ。

なお、著者が知るかぎりだが、富山県内の慰霊碑で朝鮮名のダム工事犠牲者の名前が刻まれているのは、一九二七年着工、一九三〇年完成の庄川水系祖山ダム（本体施行：佐藤工業、ダム事業者：関西電力）のみである。慰霊碑は一九三三年に建てられており、殉職者三一名のうち朝鮮名は五名である。ここに名前を記し、追悼する。

権福永、朴黙、朴守黙、金錬熡、安小龍

祖山ダム殉職記念碑

阿曽原殉難之碑

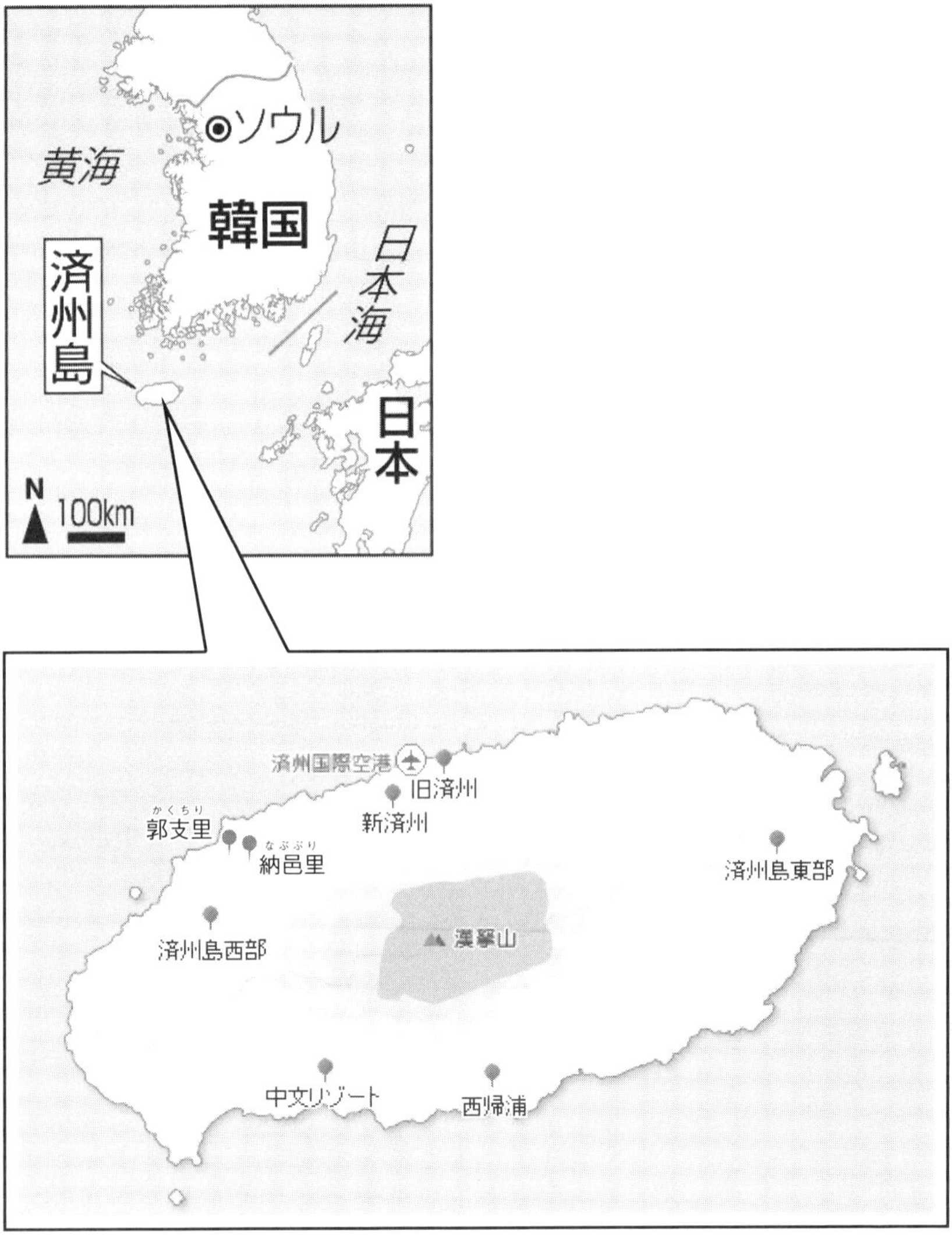
ソウル
黄海
韓国
日本海
済州島
日本
N
100km
済州国際空港
旧済州
新済州
郭支里《かくちり》
納邑里《なぶぷり》
済州島東部
済州島西部
漢拏山
中文リゾート
西帰浦

第二章　在日朝鮮人労働運動と金泰景

もの言わぬ奴隷としてではなく

1　「韓国」植民地化と労働者の渡航

植民地戦争と韓国併合

　欧米列国が開国を迫る一九世紀半ば以降、日本は開国か攘夷かで政治的にも社会的にも混乱していた。朝鮮でもフランス、アメリカの艦隊が来航して戦闘になり、不当にも謝罪や開国を要求されていた。一八七五年、明治政府は軍艦を江華島に派遣して測量を強行、江華島事件を起こして軍隊を派遣した。翌一八七六年には日本に有利な不平等な日朝修好条約を締結して朝鮮の開国を強行した。それに伴い、釜山、元山、仁川が開港され、日本は米などを輸入した。やがて、そのことが原因で朝鮮では米が不足して高騰し、農民反乱の背景となっていった。また、朝鮮の欧米諸国に対する開国は日本より遅れて、一八八二年にアメリカ、八六年までに清、イギリス、ドイツ、イタリア、ロシア、フランスと修好条約を締結した。

　開国後の朝鮮では外国商品に市場を奪われて民衆の生活は苦しくなり、西洋文明への反発が強まった。一八九四年には反キリスト教団の全琫準に率いられて東学（甲午）農民戦争が起こり、それを機に出兵した清と日本が衝突して日清戦争となった。日本の勝利によって、下関条約で清は朝鮮独立を認め、日本は賠償金と遼東半島、台湾、澎湖諸島の割譲を受けるなど、アジア侵出の一歩を踏み出した。

　その後、朝鮮では、高宗の妃、閔妃の外戚一族が政権を握り、南下するロシアとの結びつきを強めた。日本は一八九五年に閔妃暗殺事件を起こし、朝鮮民衆の反発をうけた。一八九七年朝鮮は国号を大韓帝国と改めたが、独立国としての実態を保つことは困難になっていた。一九〇四年、日本は朝鮮の支配権をめぐってロシアと開戦した。日本の勝利によって、三次にわたり日韓協約を韓国に押しつけて保護国化を進めた。その総仕上げとして、一九一〇年八月二二日、統監府による新聞報道規制、集会・演説禁止、注意人物の事前検束が行われた上で、一個連隊相当の兵力が警備する厳戒態勢の中で、寺内正毅統監と李完用首相により韓国併合条約が調印され、同月二九日に発効した。

朝鮮民衆は、日本の支配に抵抗して武器を持って立ちあがった。これに対して近衛師団はじめ日本各地の師団から大量の日本兵が送り込まれて義兵戦争（朝鮮植民地戦争[注]）となり、日本軍による容赦ない攻撃と虐殺が行われた。その後も朝鮮民衆は独立を期して、三一独立運動、シベリア戦争、満州抗日戦争と、多大な犠牲を出しながらも、一九四五年に解放を迎えるまで継続的に闘うことになった。

（注）愼蒼宇はこれを「朝鮮植民地戦争」ととらえた。「『朝鮮植民地戦争』の視点から見た武断政治と三・一独立運動」（『朝鮮史研究会論文集』第58集二〇二〇年一〇月）において、その特徴として植民地支配される側にとっては総力戦とも呼ぶべき民族解放戦争であること、日常生活のなかでは軍隊の威圧と憲兵・警察による民族運動の未然防圧があり、支配を受ける朝鮮側からの視点が不可欠だとする。

朝鮮人労働者の渡航

一九一〇年の「韓国併合」により、朝鮮は日本の植民地となって苦難の歴史を歩むことになった。人口の八割を占める農民の多くは土地調査事業（一九一〇～一九一八年）によって次第に地主との小作関係から遊離し、多くが農業労働者になっていった。一九二〇年代の産米増殖計画によってコメは増産されたが安く買い叩かれて日本に積み出され、朝鮮人の口に入る米は減っていった。さらに、第一次大戦後の不況から昭和初期の恐慌に至る間の農産物の暴落は農民の窮迫に追い打ちをかけた。干ばつや水害で春先にコメが底をつく「春窮」で餓死者が出た年も珍しくない。

一方、多数の日本人、とくに農家の次・三男は国外へと活路を求めて東洋拓殖銀行の募集などで朝鮮に渡り、土地を奪い、コメを奪い、朝鮮人の誇りと命を奪った。内地資本の流入によって育ちつつあった近代的な産業・商業は内在的発達をとげる機会を失い、植民地経済は行き詰まった。そのため、農民の余剰人口を朝鮮内部で工場労働者などとして就業させることができず、窮迫した農民は日本に渡り、単純労働者として日本の就業構造の最底辺に吸収されていった。

日本の側にも朝鮮人労働者を引き入れる要因があった。第一次世界大戦後の好況時に一時的に労働力不足になり急激に導入が進んだ。その後も鉱山や土木、繊維関連工場の低賃金労働者として受け入れが続いた。しかし、雇用の調節弁とされて安定的な職業に就くことはできず、危険で低収入の職場で、「牛馬のごとき扱い」を受けた。いや、「牛馬の方がましだった」とさえといわれている。

「韓国併合」以前から、日本人は朝鮮人を、人間というより都合のよい労働力と考え、同時に危険な存在として取り締まりの対象としてきた。第一次大戦後に不況が広がり、日本人にも失業者が出るなかで、政府は一九二三年五月に「朝鮮人労働者募集に関する件」を公布、日本人事業者に対して朝鮮人労働者の募集をできるだけ制限するように伝えた。同年九月一日の関東大震災においては、「井戸に毒を入れた」「朝鮮人が暴動を起こして日本人を襲撃している」など官憲により意図的に流された流言飛語によって、民間人の自警団が数千人(注)ともいわれる朝鮮人や中国人の大量虐殺を行った。しかし、政府や行政は殺戮行為の捜査も調査も行わず、日本人自身による反省もなかった。それが一〇〇年後の現在に至るまでも犠牲者の人数がわからない原因であり、日本人の反省と責任が問われるところである。さらにいえば、朝鮮の義兵戦争に送り込まれた日本兵の影響を受け、植民地朝鮮への蔑視、偏見が朝鮮人の命の軽視につながり、自警団を結成するなかで容易く命を奪うことになった。

なお、当時、富山県内では、県警は「極めて少数の鮮人は災難に乗じて悪事をなしたものもある」とデマをそのまま報じたり、「出稼ぎ鮮人の足止め」を各警察署に通知すると同時に、本県の朝鮮人は「毫しも不穏はない　然し調査は怠らない」（「富山日報」一九二三年九月六日）とし、朝鮮人に関しては「流言をなす者、無辜の朝鮮人に暴行措置加えた者は厳罰に処す」と発表した。その後の報道はなく、富山県内への直接の影響は大きくはなかったようにみえる。しかし、震災と景気後退、渡航人数の増加などによって排外的な意識はさらに強くなった。

渡航した朝鮮人のほとんどは貧しい小作農や農業労働者で、文字を書けない人が多かった。内地で生きるためにはどんな仕事にでも就くしかない。土木作業は雨が降れば仕事はなく、降雪量の多い富山などでは冬になれば解雇される不安定な雇用だったが、命をつなぐためにはそれしかなかった。地理にも不案内なので集団で移動し、賃金の高い仕事があると聞けば、全国から集まってきて、朝鮮人の飯場頭のもとで命の危険を顧みることなく、峡谷の谷筋や隧道で働いた。

そうした朝鮮人への差別は言葉で言い表せないくらいひどかった。住まいの多くは工事場近くの飯場だったり、空き地にバラックを建て集団で暮らしたが、そこはたいてい被差別部落よりさらに条件の悪い土地だった。しかも着るものや、食べ物、生活習慣などが異なり、言葉の違いもあって意思疎通もままならず、多くの日本人は偏見に満ちた優越感と差別意識をもって接した。そのうえ、新聞などの上から目線

この冬空を見かけて
解雇される鮮人三百名
哀れ落ち行く先は何處ぞ
しかし暖かくなれば復職も自由

目下縣内における水電事業等に勞働してゐる鮮人は冬期に入ると共に多少の解雇があるので各警察署ではこれ等に對し相當

警戒をおこたらない

が縣中その大多數を雇備してゐる黒部川沿岸における水電工事に從事してゐる鮮人は十一月末日現在で八百三十六名あるが内冬期間に入りて解雇さるゝ豫定のものが三百二十九名であるも水路工事において新に若十四名を雇入るゝ筈で

「北陸タイムス」1925年12月5日

の記事によって、恐い鮮人、かわいそうな朝鮮人、感心な半島人などと勝手に流布され、偏見が増幅していった。日本人の多くは植民地支配の現実も背景も知ろうとはせず、ただ恐れ、差別し、偏見をもって自分たちの生活圏から排除した。

初期のころの富山県においては、朝鮮人労働者は堤防・砂防などの治水工事、電源開発、鉄道敷設、道路造成、運河掘削、工場建設などあらゆる工事場で過酷な3K（きつい・きたない・危険）労働を担った。しかも、冬期、とくに山岳地帯にある水電工事場においては大量の積雪のために工事ができないので一二月初めには解雇された。富山の近代化はそうした朝鮮人労働者による危険に満ちた重労働によって成し遂げられた。

（注）虐殺された朝鮮人の数は、在日本関東地方罹災朝鮮同胞慰問班調査の約六六〇〇人、吉野作蔵報告者の約二六〇〇人、司法省調査の約二三〇人などがあり、その数は定まっていない。政府の中央防災会議専門調査会の報告書（二〇〇八年）は、殺害された朝鮮人・中国人・日本人の数を震災による死者数（約一〇万人）の1～数％にあたるとする見解を示している。

朝鮮人強制動員

昭和初期の恐慌時には日本人にも失業が蔓延した。朝鮮総督府は一九二八年に「朝鮮人労働者の渡航阻止」を全朝鮮に拡大、渡航許可基準を定めた。しかし、雇用者はより安価な労働力を求める一方、朝鮮には仕事がないので内地に行けばなんとかなるだろうと、渡航者は減ることはなかった。この年秋に行われた昭和天皇即位の大礼に際しては、警備のために「危険人物」の探索や要視察朝鮮人の日本潜入への警戒が指示された。

一九三一年の満州事変以降、中国戦線の拡大にともなって日本人の若者が戦場に狩り出され、労働力が不足したことから、再び渡航者の数は増加する。それでもなお、渡航制限によって、生活にゆとりがある勤勉な労働者を選別して許可する方法をとっていたが、だまされて連れてこられて、「タコ部屋」で強制労働させられる人たちもあとを絶たなかった。一九三九年に強制動員が始まるが、直前の一九三七年には、すでに一〇〇万人以上が日本本土に渡航していた。また、サハリン、満州、間島などへも強制的に移住させていた。

一九三七年七月に盧溝橋事件が起き、中国への侵攻が本格化する。直後に「国民精神総動員実施要項」が決定され、翌年四月には「国家総動員法」が公布された。軍需物資生産のため、あらゆるところで人手不足となり、一九三八年三月には朝鮮人移入制限を解除した。その後の朝鮮人の労務動員は、強制連行・強制労働としての側面が強い。

一九三九年七月、政府は「国民徴用令」を公布するとともに内務厚生両次官通牒「朝鮮人労働者内地移住に関する件」を発布して「募集」を開始した。一章に親方自らが募集に行ったケースを記したが、企業の労務担当が直接募集に行き、総督府に許可を願い出て、必要な人員の労働者を確保した。しかし、なかなか必要数を満たさないため、暴力的な連行もあり、募集条件とは異なる労働条件で酷使されることもあった。やがて、そうした非人間的労働・生活状況の事実が朝鮮内で広まったため、計画通りに人員を確保することはなお難しくなっていった。そのため、一九四二年総督府は「朝鮮人内地移入斡旋要項」により「官斡旋」を定め、警察の協力の下企業の費用で労務担当が人集めをするようになったが、それでも要員確保は難しかった。さらに、一九四四年九月になり、「国民徴用令」に基づいて「半島人労務者の移入に関する件」が決定されて「徴用」が始まった。募集や官斡旋で雇用された人たちは契約期間が終わっても帰してもらえず、結局どの時期に動員されても二年という契約期間に帰国することは叶わず、ほとんどの人は「現員徴用」という形で一九四五年八月まで徴用工として働かされた。その間、政府の動員計画に基づいて八〇万人を超える朝鮮人が本土に強制動員された。これ以外にも軍人軍属の徴用があり、さらに朝鮮半島内部での労務動員もあった。朝鮮半島内部での動員については今後の研究に待たなければならない。

「黒三」は一九三六年から一九四〇年（実際には四一年九月まで）に建設されたので、工事期間は渡航制限で呼び寄せの許可が必要な時期から「募集」の時期にまでわたっている。

水電労働者の生活

一九二六年、黒部峡谷では「黒二」ともいえる柳河原発電所工事や宇奈月～猫又間の軌道工事、「黒四」調査用の歩道開削などが進められていた。県内の常願寺川、神通川、庄川でも河川改修やダム・発電所建設が始まり、朝鮮半島や日本全国から土木労働者が集まってきた。以下は不衛生な生活環境が伝染病蔓延の原因ではないかと新聞社が庄川の飯場を取材した記事である。宇奈月で蔓延した天然痘の原因は移動する朝鮮人労働者が持ち込んだものだとする偏見に満ちた予断が世間を騒がせた。同時に、工事を発注した日電、請け負った日本工業は「吸血鬼日電の蹂躙に呪われた王国　県内に漲る怨嗟の声を聞け」（「北陸タイムス」夕刊　一九二六年六月一九日）などと非難を浴びていた。

劣悪な生活環境　驚くべき不衛生　あたかも豚小屋だ

「庄川水電工事場、鮮人飯場の特派員記者視察記」（「北陸タイムス」一九二六年六月一一日）

鮮人の飯場ときは、三～四間に一〇間のほったて小屋同然の板一枚張りで、畳どころかむしろを板の上に並べ、はなはだしきは板だけのところもあり、ここを疲れきった労働者が唯一の安息所にしてすし詰めにごこ寝しているが、まさしく豚小屋同然のバラック式小屋の内外から糞尿塵芥が悪臭をプンプンはなら不衛生極まるものである。ある一人の鮮人労働者をつかまえて話を聞くと言葉はよくわからぬが、賃金は五〇～六〇銭位しか貰っていず、飲食費だなんだと取られて借金ばかりふえ、奴隷みたいにさせられてしまうという意味のことを述べたが（中略）しいたげられた労働者より発する不平不満の思想が爆発しつつあるのを見る時、日電たるものその責任を負担すべきである。

差別はあった

黒部川電源開発では当初より多くの朝鮮人労働者が働いていた。とくに「黒三」の高熱隧道においてより重要な役割を果たしたことはすでに書き連ねてきた。そこでは命の代償として破格の労賃を得ていた

が、命の惜しくない者はいない。日本に行けば何とかなるだろうとやってきたのは、命を粗末にするため

ではない。お金を貯めて家族とともに暮らすためである。家族に送金するか、まとまったお金をもって故郷に帰るか、家族を呼び寄せるか、それが希望であり夢だった。それ故、危険でもより収入のいい仕事を引き受けたのだ。

黒部峡谷では朝鮮人労働者への差別はなかったとか、優遇されていたとか言われるが、実際どうだったのだろうか。以下は金鐘旭さんの手紙の一部である。一九三八年の夏休みに志合谷の工事場で手伝いをしたときの印象や富山市内にあった自宅へ来て休養する労働者から聞いた話として伝えている。

「仕事の内容は日本人とまったく同じ」

「賃金も日本人と同じ、国への送金は自由（郵便為替）、死亡やけがの手当てや補償金も同じだったと思います」

「志合谷（「黒三」全体）工事現場で働いていた労働者は強制連行とか強制労働ではありませんでした。それどころか日本に出稼ぎに来るために渡航証明書（旅券に相当）を得るのにたいへん苦労したようです」

「工事の初期日電歩道を工事用資材を運搬するのは、重量による請負制でした。ですから、体力のある人とない人では二倍以上の収入の差がありました。（中略）私が直接見たのではないのですが、父の飯場の力の強い人夫たちの自慢話を何回も聞いたことがあります」

村上兵衛は『黒部川』で次のように書く。「食習慣の差に基づく点もあって、日本人に支給される卵の数は一人一日三個だったが、朝鮮人労働者には五個だった、という」。これは虐待どころか、優遇されていたという記述に見えるが、日本人には日本人が好む特別食が支給されたかもしれないと村上も書いてい

るから卵の数をもって朝鮮人労働者が優遇されていたということはできない。出来高払い、つまり荷物の重さで支払われた歩荷の支払い方式と同じで、民族ではなく、体力や技術力によって報酬に差がつくのであるとして、それをもって「黒三」では待遇面で日本人との差はなかったといわれているのであろう。

だが、より危険度の高い仕事についていたことは事実である。高熱隧道を例にとると、危険度が高く、高度な技術が求められ、自分たち抜きでは工事が進まないとなれば、条件を示して組と交渉しないだろうか。他に請け負う者がいないとなれば、雇用者は条件に応じるしかない。実際、元請と交渉して好条件を得た朝鮮人飯場頭が存在した。それでも、どんなに仕事ができても何かにつけ貶められたという話には事欠かない。一般労働者にしても、日本語がよくわからず、指示通りにできず暴力を振るわれたとか、バカにされたとか、ものがなくなると朝鮮人のせいにされるとか、そうした日常の些細なことで差別され、心を傷つけられたという。

なお、黒部では差別がなかったと書いた金鍾旭さんだが、自身は就職差別にあい、さらに朝鮮人が開発した兵器だからと海軍に採用された後に再検査されたと、悔しい思いをしたこと書いている（第三章一五八頁）。

飯場での過酷でいつ解雇されるかわからない不安定な労働と低賃金、日本人との差別的待遇、治安の対象としての日常的な監視、地域からの排除、朝鮮人間の思想的対立や日鮮の政治的関係、現場の利害関係による争いなど多様な困難があった。それでもそれに立ち向かい、自らの労働者としての権利を主張し、命や人間としての尊厳を掛けて、労働運動や社会運動が行われた。

朝鮮人労働者が働いていたと見られる県内の水力発電所

水系	番号	（取水河川）	（発電所名）	（開発業者）
黒部川水系	①	黒部鉄道第二期線工事	（黒部川水電開発の為の資材運搬用）	
	②	黒部川	黒部川第一	黒部川電力
	③	〃	黒部川第五	〃
	④	〃	愛本	県営
	⑤	〃	柳河原	日本電力
	⑥	〃	黒部第二	〃
	⑦	〃	黒部第三	〃
	⑧	片貝川	片貝第四	日本海電気
	⑨	早月川	中村	立山水力
常願寺川水系	⑩	真川・和田川	上滝	県営
	⑪	小口川	小口川第二	日本海電気
	⑫	〃	小口川第三	〃
	⑬	真川・称名川	小見	県営
	⑭	和田川	和田川	〃
	⑮	真川	真川	〃
	⑯	称名川	称名川	〃
	⑰	〃	称名第二	〃
	⑱	和田川	有峰（中断）	〃
神通川水系	⑲	牛ケ首用水	成子第二	高岡電灯
	⑳	久婦須川	久婦須川第一	飛越電気
	㉑	〃	〃第二	日本電力
	㉒	高原川	猪谷	神岡水電
	㉓	宮川	蟹寺	日本電力
庄川水系	㉔	庄川	小牧	庄川水電
	㉕	〃	祖山	昭和電力
	㉖	〃	小原	日本発送電
	㉗	湯谷川	湯谷川（途中で中止）	五ケ山電気

出典『黒部・底方の声』

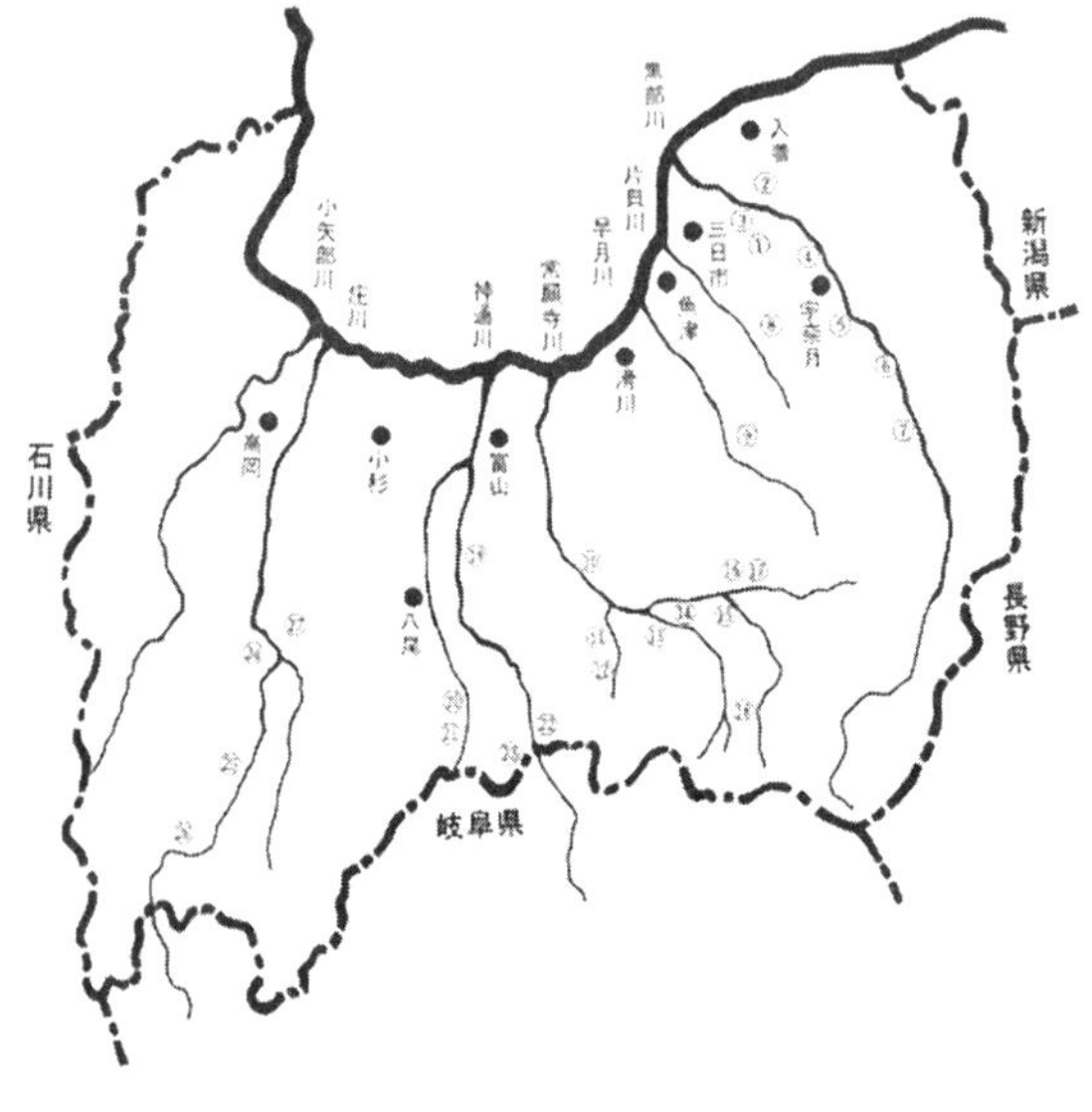

県内水力発電所概略図（番号は表に対応する）

2　富山における在日朝鮮人労働運動

在日朝鮮人労働運動

第一次大戦後の一九一七年、ロシア革命が起こり、社会主義政権が誕生した。シベリア出兵の発表による米の買い占めや米の不作から米価が高騰した。富山県の女性たちが北海道への米の移出を止めたり、米価格の引き下げ＝安売りを要求して米屋におしかけたことをきっかけに、都市中間層の労働者や貧民を中心に暴動は全国に広がった。日本における労働運動の始まりである。労働運動とは、健康や生活の安定、労働条件の向上などをもとめ、労働者たちが集団で抗議すること。この時期より、低賃金・長時間労働・劣悪な労働環境と生活苦から日本中の工場や飯場で争議が行われるようになった。やがて場当たり的に解決を求める行動から、組合を作り、民族や労働者、人間としての尊厳を求める自覚的な運動となっていった。ロシア革命後の国際共産主義運動の影響を受けて、日本国内でも一九二二年に共産党が結党され、その思想が活動家に広まり、以前にも増して労働運動は激しくなっていった。

富山県内でも、渡航が始まった一九二〇年代初めから、事故の補償や労働条件や環境の改善など雇用される会社への要求が通らないときなど自然発生的にストライキが起きていた。ストライキによって雇用した組（建設会社）と交渉しようとしたが、朝鮮人は反抗的、暴力的だと叩かれた。やがて、朝鮮人の活動家や思想家などによって合法・非合法の労働組合や親睦団体が組織され、問題が起きれば組織として会社側と交渉、要求が通らなければストライキをするなど、争議が繰り返されるようになっていく。折からの不況もあり、横行する賃金不払い、賃下げに抗議し、待遇改善、事故の慰謝料の要求、死亡事故の葬儀料や補償金、そして、解雇撤回の抗議行動など、ときには一〇〇〇人以上の規模となっていった。このような労働運動の中で朝鮮人としての民族的自覚が生まれ、団結して闘うことを学んでいった。

一九二二年、大山村の県営水電第三発電所工事場では約一八〇名が工事に従事していたが、日本人飯場頭が労賃支払いに嫌がらせをしたうえ暴行を行ったため、日本人と朝鮮人が大乱闘になった。会社側が画策して日本人と対抗させたもので、こうした事件は各地で頻発していた。翌一九二三年になると「黒部鉄道第二期工事に多数の朝鮮人が雇用され、その数二〇〇から三〇〇人になり、労賃は低下」した(「北陸タイムス」夕刊 一九二三年五月五日)。さらにこの年の夏には「鮮人労働者は安くて働く、本県だけでも約三〇〇〇名、黒部鉄道のみでも工夫一〇〇〇人中八から九割の朝鮮人」(「北陸タイムス」一九二三年八月二〇日)と、ますます増えていった。一方、工事場では日本人監督による暴行や賃金不払い、着服、持ち逃げなどが絶えなかった。賃上げ要求をはじめとして、頻発する事故への対応を要求し、交渉に応じなければストライキを打った。ストライキ(罷業)=職場放棄は、負ければ労働者の無収入、失業となる諸刃の剣だった。

相愛会富山支部、富山白衣労働信友会などの活動

一九二四年七月一五日、在県の朝鮮人労働者は細入村蟹寺で「相愛会富山県支部」を結成し、八〇〇名が待遇改善を要求してストライキを行い、その一ヵ月後には金泰文(注)を支部長に発会式を行った。このとき

会場には日の丸が飾られ、「皇恩に浴し質素倹約職務に勤勉にし得たところのお金はせいぜい本国に送るべき」などと演説があり、一同感激したと「北陸タイムス」（一九二四年八月一八日）は報じる。この時期は神通川上流宮川で飛騨水電工事（蟹寺発電所その他）と飛越線工事が進められており、飛越（岐阜県・富山県）県境には四〇〇〇名を超える朝鮮人労働者が働いていた（「北陸タイムス」一九二四年一〇月一三日）ので、この地に相愛会名古屋本部からオルグが入り、労働者を組織した。相愛会は、在日朝鮮人の組織で、一九二一年一二月に創立され、協和会の活動が活発になる一九四一年に解散した。東京の会館では無料職業紹介所、無料宿泊所、簡易食堂、附属病院、夜間学校などを設置していたが、現在でいうところの在日朝鮮人を対象に貧困ビジネスのようなことを行い、暴力をふるって労働運動に敵対したとの研究もある。（金仁徳「相愛会と在日朝鮮人社会」『日帝時期在日朝鮮人社会の形成と団体活動』）

発会式の様子からすると、当初から融和的な労働者組織を目指していたのであろう。翌年二月には在日本朝鮮人労働総同盟が結成され、相愛会富山支部はその地方組織となり、さらに、北陸朝鮮労働組合と名称を変更した。事故の補償交渉や労働条件改善のためには、単に組織するだけでなく、雇用者と交渉する

本縣に稼ぐ鮮人勞働者
七百名の總聯盟
相愛會本縣支部發會式
神通峽谷の蟹寺に於て
日章旗の下に厳粛なる大團結

第一線

眞紅の

來賓に

「北陸タイムス」1924年８月18日

ための団結力のある労働運動が必要だと考えてのことだったのであろう。同時期、日本語を理解できる労働者が一〇〇人中一人か二人しかいなかったことや、運動を取り締まるために、巡査（警官）に朝鮮語教育が必要とされているとの記事が見られる。

二五年春、蟹寺発電所工事が完成すると同時に解雇が横行し、人員を一三〇〇人から八五〇人に減らした。五月、「県内から『鮮人続々姿を消す』約一五〇〇名移動、目下日電工事竣工による土工整理、県内人土工著しい増加」（「北陸タイムス」一九二五年五月一四日）と新聞は伝える。この年の一一月には「寒さと不景気に朝鮮人めっきり減る　観察と調査の手数もはぶけて富山署もいささか気休めの態」と、ますます工事が減り、人数も少なくなった。一九二八年三月末の「富山県社会課の鮮人同胞調査」によると、朝鮮人は前年三八一一名から一四三八名と半分以下に減っている。不景気で日本人にも仕事がないのだ。他県に働きに行っていた県内人が戻り、県内人が増えた分も、朝鮮人が解雇されたのであろう。

元請けの土木会社の収入や収益が減ると賃下げや賃金不払いが横行し、安全管理がおろそかになって人命が容易に奪われた。事故処理もいい加減となり、原因究明もされず、補償額や慰謝料なども低かった。一九二七年七月一五日の「北陸タイムス」は「惨死者をいだすこと頻々　昭和電力又鮮人殺す」などと報じる。（一章一二頁表「一九二〇年代後半の朝鮮人労働者の死傷記事」参照）命の軽視は労働者の怒りを誘った。元請け会社と交渉するにはストライキをするしかなかった。また、治療費や葬儀料、慰謝料等を請求したが、こうした死傷事故の交渉は労働者の共感を得て、闘いは激しくなったといわれる。

昭和初期、景気はますます悪化し、日本人の解雇も横行した。それまでは対立することも多かったが、このころから日本人と協力して交渉に当たるようになった。この時期、日本労農党は極めて悪条件で働く朝鮮人労働者の闘いを積極的に支援した。交渉がうまくいかなければいっしょに組事務所に押しかけ、逮捕されれば警察署にも釈放するようにいっしょに押し掛けた。そのため、警察の取り締まりはいっそう厳しくなり、弾圧が強まって検束と逮捕、拷問が繰り返された。

こうしたなか、一九二七年八月、電源開発に携わる「水電労働者」が中心となって富山県内各地から一堂に集まり、「富山県白衣労働組合信友会」を結成した。委員長は、相愛会富山支部長だった金泰文である。

同年秋、大日本人造肥料株式会社富山工場の工事を請け負った大林組下請けの賃金不払い事件において支払いを認めさせた。（『富山県史通史編』近代下）さらに同時期、県営水電立山工事場で四〇日間の賃金遅配があり、日本人と朝鮮人労働者が結束してストライキを起こした。交渉中組との乱闘となり新庄署に被疑者が拘束され、残酷な拷問を受けた。これを聞いた争議団は組事務所に押しかけたところ警察隊が来て暴行をふるうとともに新庄小学校に検束し、さらに残酷な拷問を行った。家族も釈放を求めて警察署に押しかけて抗議した。労農党富山支部と信友会は富山県警察部長に暴行警官の処罰を要求したが、警察は「拷問は国家のためだ」と拷問を正当化した。マスコミは警察と一体になって労働者側を危険視、警察によ

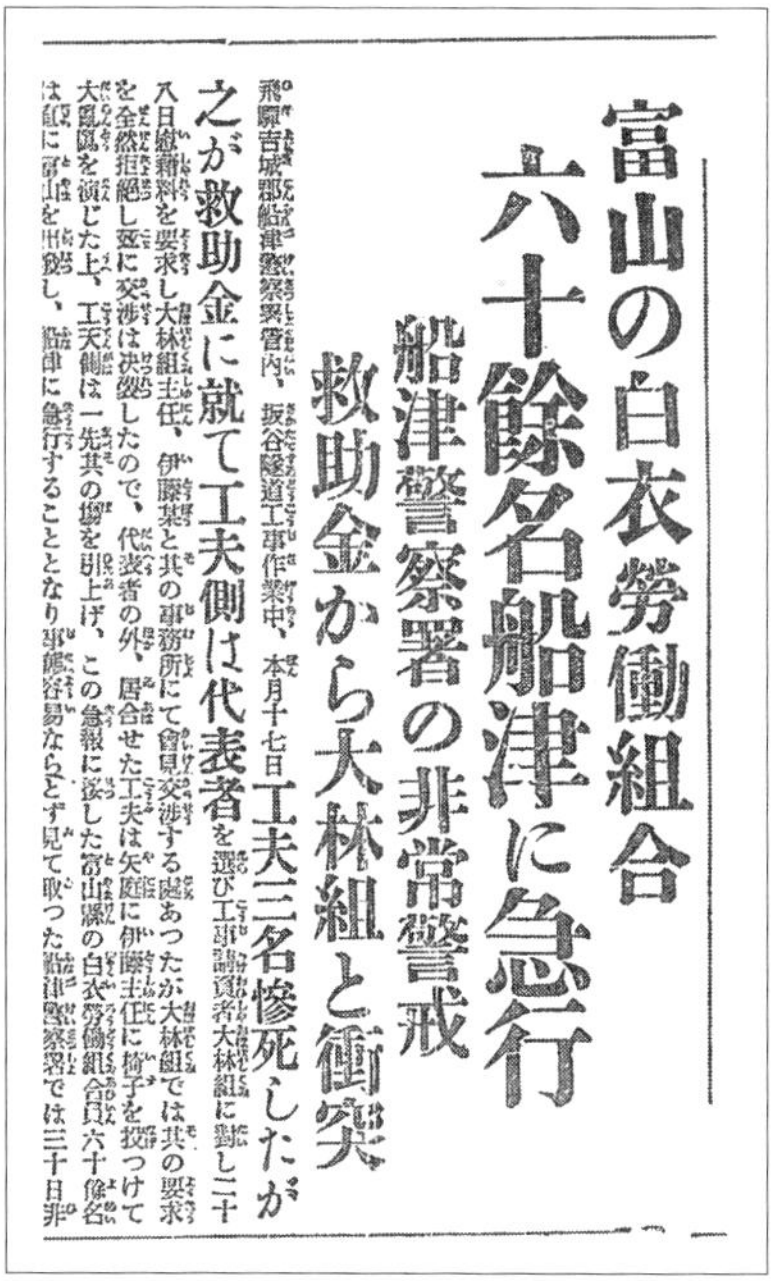

富山の白衣勞働組合
六十餘名船津に急行
船津警察署の非常警戒
救助金から大林組と衝突

飛騨吉城郡船津警察署管内、坂谷隧道工事作業中、本月十七日工夫三名惨死したが之が救助金に就て工夫側は代表者を選び工事請負者大林組に對し二十八日慰藉料を要求し大林組主任、伊藤某と其の事務所にて會見交渉する處あつたが大林組では其の要求を全然拒絶し茲に交渉は決裂したので、代表者の外、居合せた工夫は矢庭に伊藤主任に椅子を投つけて大亂鬪を演じた上、工夫側は一先其の場を引上げ、この急報に接した富山縣の白衣勞働組合員六十餘名は直に富山を出發し、船津に急行することとなり事態容易ならずと見て取つた船津警察署では三十日非

北陸タイムス　1928年2月1日

る拷問を否定するなど、朝鮮人への偏見を煽った。

翌一九二八年二月に飛騨茂住の隧道工事現場で崩壊事故があり、朝鮮人三名が生き埋めになり惨死した。労働者側は争議団を結成して慰藉料（扶助金）を要求したが交渉は決裂、大林組は、暴力団、警察、近隣の消防団などを動員して暴力を加えた。そのため富山より組合員六〇名が応援に行って大混乱となり、争議団幹部全員が逮捕された。それでもなお、不法監禁、暴行警察官を告訴し、徹底的な糾弾運動を行った。

餓ゑと凍ゑに
「苦しむ鮮人の群れ」
職を與へんと警察が焦慮

本月末頃から黒部水電、砂防その他の工事が一齊に開始されるのでそれらの工事を目あてに續々土工鮮人が上新川郡内の各地方へ入り込みつゝあり、大久保新庄兩署の調査によると既に一千三四百人も入り込むで居るとあるが何しろ黒部水電を除くその他の工事場では一切鮮人を使用せぬとの申し合せをやってゐるので是等の鮮人も郡内へは來たものゝ殆ど仕事にありつけず從って郡内所々に今二十人三十人と一團をなしてゴロ〳〵してゐるので各警察でも仕末に困ってゐる模樣であるが去二十二日も長野縣地方から郡内の砂防工事にやとはれんと遣ってきた鮮人吉川正夫(三)以下百二十名が僅の金をたよりに[illegible]方面へまで來て砂防工事にやとはれんとしたけれど同工事場では體よくことわったので百二十名が街にまよひ出來[illegible]方面にゴロ〳〵やってゐるが、食物にも事を缺くのと折柄の降雪にふるひあがって附近の納屋や藁小屋をこわして暖をとるといった風に大分荒んできて居るのでいよ〳〵窮すると何んな事をしでかすか知れないと、同地方民が甚だしくおびえて居るといふのを耳にした新庄署では、警戒すると共に速に職にありつくやうにさとすことにしたと

「北陸タイムス」1928年４月26日

このため、信友会は一年余りで活動停止を余儀なくされたが、直後の四月には信友会を解散して、「在日本朝鮮人労働総同盟」(注) に加盟して、「北陸朝鮮労働組合」結成の創立大会を行った。このとき、委員長になったのは、茂住の争議で逮捕された金泰文だった。朴広海（「朴広海さん　労働運動について語る」『在日朝鮮人運動史研究』第19号）によれば、金泰文は六〇歳を過ぎた飯場頭だったが、文字を知らず、朝鮮人で日本共産党第一号となった人で、解放後南朝鮮に戻り、そこで農民運動を続けたという。

世界的な景気後退のあおりを受けて失業は蔓延した。「飢えと凍えに苦しむ鮮人の群れ　職を与えんと警察が焦燥―大久保、新庄両署で一三〇〇人から一四〇〇人　いよいよ窮するとどんなことをしでかすかもしれないと警戒」（「北陸タイムス」一九二八年四月二六日）されても、原因となる賃金不払い、首切りなどが発生すれば交渉するしかない。朴広海などの組織者がいたこともあり、抗議行動や組織活動は県内各地で盛りあがりをみせた。一九二九年四月には金泰文が逮捕されたが、その後も全国的な労働団体の結成や再編に呼応して、日本人の労農運動とも協力関係を保ちながら活動は続いた。

（注）「特高月報」一九三〇年一二月分所載「在留朝鮮人主要団体」一覧表によれば、「在日本労働総同盟系―富山―北陸朝鮮労働組合は一九二七年一二月以来全協（日本労働組合全国協議会の略称）、一九二八年日本共産党の指導の下に結成された、プロフィンテルン日本支部として激しい弾圧下で活動した。

弾圧下での労働運動

一九二九年一〇月に始まった世界恐慌の影響が日本にも及び、不況はますます深刻化した。解雇が横行し、賃金の低下、遅配、不払い、労働条件の悪化などに対抗して労働運動は盛り上がった。そのため、朝鮮人への日常的な監視体制や治安取締や弾圧が強化されたが、それにもめげず多くの闘いがあった。一九三〇年の一月から第一ラミー紡績争議（富山市山室地内）が始まった。三割の賃下げに反対して男女工員のほぼ全員一二〇〇人が争議に参加したが、機械を占拠し操業停止に追い込んだのは、五〇人ほどの朝鮮人だった。この争議には、第四高等学校や富山高等学校の学生や全協系の朝鮮人労働者らも外部から加わり、支援する動きをした。

翌一九三一年九月、満州事変が起きた。この年の五月、県内で初のメーデーが行われ、一三団体二〇〇余名が参加した。デモの先頭に立ったのは朝鮮人労働総同盟やその他の朝鮮人の組合だった。県内のダム工事のほとんどは終わり、失業対策として河川改修、道路改修工事（五福―呉羽国道）や富岩運河開削に

新聞にみる一九二〇年代の富山県内朝鮮人労働者の主な争議

年月	場所	争議内容	結果
一九二二・九	大山村県営水電第二発電所	賃金支払いにおける日本人飯場頭のいやがらせ、それに抗議した朝鮮人への暴行。飯場頭は、朝鮮人数十名包囲して乱暴加えたと虚偽の訴え	検挙三名（飯場頭も含む）
一九二三・六	神明村神通改修工事場	作業中、日本人監督、朝鮮人に暴行。抗議した仲間の朝鮮人に重傷負わせる。二〇余名の朝鮮人怒り監督を撲滅せんとおしかける	約二〇名検挙（傷害、脅迫罪）
一九二三・七	大山村上滝県営水電	請負人定村組配下日本人三名、朝鮮人の給料着服し逃亡、五〇余名の朝鮮人、給料支払い要求してストライキ	不明
一九二六・六	東山見村小牧発電所、庄川水力電気㈱	約八四〇名の朝鮮人ストライキ	妥協
一九二七・一	飛騨吉城郡、坂谷隧道工事場	隧道作業中、朝鮮人工夫三名惨死、慰藉料要求しストライキ、請負大林組と工夫側代表の交渉決裂、富山より白衣労組員六〇余名応援に急行、警察、地元消防組合員一〇〇余名くりだし大混乱	失敗（拒絶）
一九二七・七	県営水電真川発電所	賃金値上げ要求、日給を一円九〇銭から二円にあげる。配給米を他の県電（粟巣野、小見方面）と同様の価格をもって配給することを要求	要求貫徹
一九二七・八	大山村粟巣野県営水電	朝鮮人工夫、ダイナマで爆死、加藤組の慰藉料一〇〇円は少ないと工夫たち憤慨、工夫代表と飯場主任折衝重ねる	要求貫徹、慰謝料二〇〇円
一九二七・八	立山山麓水電工事場	冬期休日期間の手当減額に対し、朝鮮人約三〇〇名、人夫頭と争う、日本人労働者一〇五名と乱闘になる	不明
一九二七・一〇	県営真川発電所	請負松岡組の土工約三〇名（日本人含む）、工事歩合増し要求し、拒絶されたことから、真川水電工事場へ乱入する	不明
一九二七・秋	大日本人造肥料㈱富山工場	請負大林組の下請の賃金不払いに、工夫たち抗議し、支払い認めさせる	要求貫徹
一九二七・一〇	県営水電立山工事場	請負米沢組の松岡飯場使用の朝鮮人ら六〇名に対し、約四〇日分の賃金不払い、約六〇名の工夫、給料支払い、劣悪な労働条件改善求めてストライキ。米沢組と乱闘となる	多数検挙、新庄署の暴行事件起こる

一九二七・一一	新庄警察署	新庄署、検挙した朝鮮人に対し、差別的暴行加える。県内5つの無産者団体、県警察部長に厳重抗議。県警、新庄署問題にせず	失敗
一九二八・一	速星村大日本人造肥料㈱建設工事場	工事欠損で責任者逃亡する。請負大森組に対し、白衣労働組合幹部朴広海、約一八〇名の工夫の食料や今後の業務について交渉	不明
一九二八・一	飛騨茂住、神岡水電トンネル	トンネル工事中、朝鮮人労働者生き埋め、慰藉料要求し、請負大林組と争議団交渉、決裂、ストライキ、白衣労組応援にかけつけるが官憲、大林組暴力団、近在消防隊くり出し、争議団幹部全員検挙、拷問弾圧うける	失敗
一九二八・五	大山村真川、富山電気発電工事場	下請負が、請負からうけとった労働者三〇〇名の賃金を全部もって逃亡、労働者支払い要求の闘い	要求貫徹（請負再支払い）
一九二八・六	県営小口川水電工事場	下請負の不手際で、朝鮮人労働者約五〇名の賃金行詰まり、賃金支払い求め不穏状態、下請負、請負佐藤組に請負金額の歩合増し求める	要求貫徹（佐藤組全額支給）
一九二八・六	射水郡庄川沿岸土石採取場	朝鮮人労働者約一五名、生活の脅威訴えて、トロッコ一回一五銭の値上げ要求、雇主拒否し、同盟ストライキ	妥協（一回一四銭）
一九二八・六	県営水電粟巣野工事場	朝鮮人労働者約五〇〇名、請負加藤組に対し、賃金値上げ要求、代表十数人、加藤組事務所に押しかける。新庄署急行	一名検挙（金台連）
一九二八・七	朝日山中学校敷地整地工事	朝鮮人約四〇名、下請負に対し、前借方強要、応じないのでサボタージュ	不明
一九二八・八	県営真川水電	ダイナマ爆発で朝鮮人一名死亡、八〇〇円の慰藉料要求に対し、請負加藤組一〇〇円しか支払わない	失敗、二件の争議煽動したとして朝鮮人ら四名検挙（朴広海、李哲他）
一九二八・八	祖山の昭和電力会社	県営水電の日給二円に対し、祖山は一円六〇銭であることから請負佐藤組に対し日給四〇銭の値上げ要求	
一九二九・六	細入村、飛越線工事場	請負三者（加藤、佐藤、飛島組）は日給一円八〇銭を一円六〇銭に値下げ、憤慨した労働者約四〇〇人、一円九〇銭へ値上げ要求	妥協（一円六〇銭とし酒代二〇銭支給）
一九二九・一〇	細入村　飛越線工事場	隧道大崩壊で下請負損害大の為、請負加藤組に欠損補助求めるも拒否、土工ら約四〇〇名（朝鮮人三〇〇、日本人一〇〇）工事休止し飯場内たてこもる	要求貫徹（加藤組一万二千円出し、工事再開）

出典『黒部・底方の声』

雇用された。そこでも事故は絶え間なく起きた。一一月には大山村（県営小見、称名水電工事中）に二二〇名が結集して、「富山土木建築労働組合」（内部に非合法の全協日本土建富山支部）が結成された。しかし、同月富山県内でも第一次共産党一斉検挙が行われ、朝鮮人活動家が多数逮捕されて大打撃を受けた。組合員は八〇名に減ったが、組織はすぐに再建された。富山土建労組にはまだまだ闘う力はあった。

その支援で翌三二年四月には富山―上市間県道改修工事に就いていた朝鮮人労働者五〇人余名は「五か条の要求」を行った。①労働時間午前六時より午後六時三〇分までを午前八時より午後四時までとする　②小間制（一坪の請負）賃八銭を一〇銭、七銭を九銭、六銭を八銭に各値上げすること　③常用人夫賃七〇銭を一円とする　④設備を改善すること　⑤負傷の際、治療費の外日給一円支給することの五項目だった。しかし、一一月末に活動の中心にいた朴世用が検束されたため運動は自然消滅した。

三二年のメーデーは富山土建労組を中心に計画されたが、富山―上市間県道改修工事で働いていた朝鮮人労働者約七〇名は集会に向かう途中で検束され、参加できなかった。それでも富山市の集会場には。五四名が集まり、非合法のデモをして朝鮮人三〇名が検挙された。

また、一二月、県営水電工事場で、朝鮮人労働者四〇人が同僚二人の窒息死事件を契機に慰謝料、設備完備を要求してストライキに入り、警察隊と衝突した。これにもめげず、三三年二月には、失業親睦会の名目で七〇数名で発会式をあげようとしていたところを警察に襲われ、幹部一七名が逮捕された。

三三年のメーデーは、呉羽国道工事に従事していた日本人と朝鮮人の労働者が参加して、別メーデーを行った。『特高月報』（一九三三年五月分）は、次のように記す。「富山市呉羽道路工事に就業中の鮮人一二八名は、全協系分子徐濬在の指導の下に合法メーデーを敢行したるが、当日正午富山市安野屋神通川磧に集合、『首切り、地位下げ、労働強化絶対反対』その他五項目のスローガンを記載せる赤旗を押し立て市内を行進、午後四時、安野屋小学校裏空地に到着、無事解散す。」

ところが三日、この朝鮮人労働者たちは全員解雇を言い渡された。これに抗議して「全協土建」の旗を掲げて一七〇名が県土木出張所を占拠、一方、解雇撤回を求めて県庁に向かった先発隊の九名全員が逮捕された。富山署はさらに六〇名を検挙、翌日には警察に扇動された右派系団体との抗争となった。（『雨の慟哭』より）

こうしたことから、翌三四年のメーデーは三ヵ所で座談会を開催するに終わった。このように朝鮮人労働者の運動はつぶされていったが、それでも活動家たちは各工事場を回ってビラをまき、団結を訴え、一九四〇年ころまではサボタージュやストライキをもって要求行動することを辞さなかった。

全農の一隊と
鮮人群と結合
労働歌高らかに市中を行進
富山署厳重警戒す

メーデーのけふ、市議戦でざわめく富山市に鮮人土工のデモが行はれ千里から繰り込む全農のデモと合體して不穏化せんとする形勢あり富山署では魚津、滑川、大久保、新湊の各署から三十名の應援をもとめ約百名の警官で七分隊を編成してデモの警戒にあたつた、而して縣婦南地區全農支部では午前十時婦負郡千里村に集合、千里、大澤野の全農員約七十名は明和幸一リーダーのもとに「立入り禁止絶對反對」「土地取上げ絶對反對」「小作料減免」等々のスローガンを掲げて速星村を經、有澤橋を通過して西田地方に入り、旅籠町から招魂社裏の神通礦へ正午到着した。こゝ神通礦では呉羽の國道改修工事場の鮮人土工約百五十名が正午を期して集合、全農のデモと合體してリーダー徐瀧在指揮の下に「馘首反對」「人夫賃値下げ反對」「八時間勞働制の確守」など

「北陸タイムス」1933年5月2日

金泰燁と内鮮融和運動

一九八四年九月、金泰燁（キム・テヨブ）による『抗日朝鮮人の証言　回想の金突破』の邦訳（訳者・石坂浩一　不二出版）が出版された。一九一五年から一九四四年までの、東京、大阪、そして北陸、とく

に富山での労働運動について書かれた自伝だ。記述によれば、幼少期に家が没落、その中で何とか生き延び、持ち前の負けん気で未来を拓こうと密航船で大阪に来て各所で働き、やがて夜間の労働学校で学び労働組合の組織者となった。二〇年には東京に移る。関東大震災の翌日に検束されるが、再び関西に行き、朝鮮人虐殺糾弾大会を開く。二六年、水電工事場での惨状を聞き、二五歳で北陸・富山で活動を開始する。この時期、水電工事場をはじめ各所で争議が起きていたので、組織化などの指導を行った。二七年には、白衣労働組合信友会の設立にも関わったが、多様な経歴の人が関わっていることもあり内紛が起きた。金泰燁は自分以外の二派が争って暴力沙汰を起こすよう画策した。この年の一一月二四日の北陸タイムスは、「人権問題の中心にある朴広海，二人の鮮人によって半殺しの目にあう―労農団体は、裏面に警察の策動があるとみている」と書き、二七日の同紙は「朴広海を半殺しにした犯人は白衣労働信友会の金突破一味」と報じた。新庄署での拷問事件の最中であり、朴広海もまた同会のメンバーであった。翌年二月の茂住での争議も信友会が中心となっている。この折朴広海はじめ幹部全員が逮捕されたが、金泰燁は逮捕を免れた。

　朝鮮人の日本本土への移住が始まった当初から、「独立運動派」、「民族派」、「日鮮融和派」など、思想の異なるグループがあり、朝鮮人間で激しい抗争が行われた。(「北陸タイムス」一九二九年七月一八日)三〇年代に入ると、県内各地に内鮮融和を目的にする会が多数結成され、日本の支配を受け入れ、日本社会の一員として生きるために次第に組織化されていった。一方、共産主義思想が禁止され、一斉検挙など

が行われるようになると、表むきは親睦融和を謳いながら、内部に独立派や共産党の活動家が非合法グループをつくるようになった。だが、厳しい現実と取り締まりのなかで組織自体が変質したり、運動が壊滅することもあった。そうした状況に介在したのが金泰燁のような人物だった。一九三五年四月三〇日の「北陸タイムス」を見ると、「被害者は助かる　加害者は六名　左翼の不穏密儀妨害した右翼　血で血を洗ふ鮮人同志」「各発電工事場　赤化陰謀　内鮮労働親愛会の不穏を暴露した富山諄和会」などの記事がそれである。

金泰燁は『抗日朝鮮人の証言』に、三一年に賃金問題からの抗争で告訴されて三年六カ月の刑期となったが、公判中の拘留が差し引かれず、三五年に出所、そのまま朝鮮に追放となったと書く。しかし、三二年八月一四日の「北陸タイムス」には、「金突破、衛戍病院と宇奈月の傷病兵慰問し、金一封贈る『鮮人同胞の義挙』」とあり、さらに、三三年一〇月八日同紙には、「梨本宮殿下、来県、『内鮮融和』の『淳和会』（富山市内在住朝鮮人約二〇〇名、幹事長・金突破）、『御視座の光栄』うける」の報道がある。加えて、「金突破の恐喝　黒部川沿岸の糀場へ藤森判事出張して取調」（「北陸タイムス」一九三六年五月九日）の記事まである。これはどうしたことか。金泰燁が見間違えられることも、記事が間違っているわけでもない。朝鮮に帰らず、富山に滞在していたのだろう。戦後、韓国においても労働運動に関わり、「労働運動啓蒙パンフレット」などを発行していると書いていることもあり、融和政策に加担したり、恐喝などを行っていたことを伏せておきたかったのかもしれない。

3　内鮮労働親愛会そして協和会

富山内鮮労働親愛会

一九三六年一一月に「黒二」（小屋平ダム・発電所）が完成するが、それ以前の九月に「黒三」（黒部第三発電所・ダム）の工事が始まり、聞きつけた労働者が全国から集まってきた。厳しい労働環境で事故が多発し、「黒二」にも増して数えきれないほどの犠牲者を出した。難工事に賃金が多少上がっても生活が潤うはずもなく、飯場頭であっても困窮にあえいでいた。

「私が小さいころは本当にひどい生活でした。朝鮮人というだけで差別され、苦労して働いても手に入るお金は少ないんです。あまりにひどいので何とかしようとお父さんたちが親愛会を作ったんです」と、半世紀後の一九九二年、中本春子さん（金泰景さん長女）はインタビューに答えた。「部屋の戸を外して、みんなが集まってきました。私は韓国語で演説を覚えさせられて、みかん箱で演壇をつくって、その上に乗って演説させられました。終わったらみんなが拍手をしたので、私は驚いて泣き出しました」

一九三四年七月二〇日、富山市内において朝鮮人労働者の相互扶助と内鮮融和をモットーとする「富山内鮮労働親愛会」が結成された。当初は無学者のための夜間講座を開設していた。翌年二月には黒部川発電工事場で宇奈月支部が立ちあがった。中本さんがミカン箱の上で演説したのはこの時と思われる。当時宇奈月で黒部峡谷の朝鮮人飯場に食料品や日用品を販売していた孫凡石さんの息子、孫秀栄さんは親愛会結成当時を次のように書いている。
カモシカも通れぬ秘境黒部での厳しい就労と耐え難い難工事には、働き盛りであった朝鮮人たちも転落事故、落石、ダイナマイトの発破事故、または自然発火により犠牲者が続出しました。いくら高賃金の働き手であった朝鮮人たちといえども、故郷を遠く離れて望郷の念は深く、命がけの仕事を進めているうちにお互いの情けに触れて、親睦を図る内鮮労働親愛会を作りました。これは全国的なものでもあったと思われます。これが警察の冷たい目には朝鮮人の結社団体（思想犯）として問題になりました。

内鮮労働親愛会の結成は新聞等にも大きく取り上げられており、『特高月報』『富山県史』『富山市史』にも記述があるが、相互に食い違いがある。『富山県警察史』よれば、「富山内鮮労働親愛会」は、全協土建中部地方で執行委員をしていた朝鮮人の活動家、権次植や鄭岩面らが組織したが、その主張に多くの朝鮮人労働者が共感した。富山市内では稲荷、神通、田刈屋の三つの班、他に上市班、魚津班、成子班、立山分会と組織は拡人していき、高岡の協朝会なども傘下に収めた。諄和会などの妨害にあいながら、翌一九三五年七月には新たなメンバーが加わり、活動はいっそう活発となった。さらに内部に六名の非合法グループが結成され、日本共産党や全協の綱領をグループの闘争方針として採用した。

親睦融和だけではなく、宇奈月支部は一九三六年五月には八〇〇人規模のストライキを打ち、佐藤組に対して傷害扶助料の要求闘争を行い、一二〇円を獲得した。六月には中央土木の愛本発電工事場を中心に賃金問題から一二〇名でストライキを行った。朝鮮人労働者二三名が解雇されたが、その後九月下旬には傷害扶助料を獲得している。また、成子班（神通川水域）は同月中旬には同じく佐藤組に対して労働時間の短縮などの待遇改善闘争など行い、一時間短縮を勝ち取り、労働時間は一三時間から一二時間になった。加えて、朝鮮風水害救援の募金活動なども行った。

　労働条件の劣悪さと生活苦をなんとかしようと結成された親愛会だったが、識字教育や学習活動によって参加者は民族意識の高揚と労働者としての自覚を養い、覚醒していった。夜学会は親睦・融和・学習を目的として会員の「文盲退治」をスローガンとして本部事務所などで朝鮮語を教えたと、『社会運動の状況』は詳細に書いている。学習の素材にはチラシなどを用いて、「男女児童や女性三六、七名に対し民族意識の高揚を図り、これを共産主義に指導せんとした」。日曜、祭日、夏期などを除き毎日開講した。受講者の談が載る。「吾々労働者は、考えてみれば本当に可愛そうなものであります。我々は誰を見ても奴等共の圧迫下に疲れた身体を以て労働しております。吾々の本国を別れて、金持の奴等に頭を下げて働くようになりました。昼は労働して夜は学びます。だから一分も休まず熱心に学問を習いましょう。科学文明発展して、吾等も熱心に血盟的に習いましょう。吾々はなぜか学問を習う時間がなく、夜学をしています。これを見れば本当に片腹が痛くなる。奴等に圧迫される我らは、精神に気をつけ

市内愛宕校に朝鮮児童十八名
墨書は天才的、運動選手も居る
けふは朝鮮統治廿五周年

朝鮮統治二十五周年記念日の今日（十月一日）記者は富山市愛宕校を訪れた、こゝには朝鮮同胞學童男女十有八名もゐるのだ尤も市内各小學校には一名乃至

感涙を催し上海事變には日本精神を發揚し出征軍人に心からなるバンザイを絶叫し慰問袋も贈つて熱誠のほどを現したは勿論今では「學交へいかんまいけ」—

日本語が辨じ過ぎるとあつて、却て朝鮮の言葉を忘却しても困るといふので、父兄達はこの頃學童達を集め朝鮮語の夜間教授を開始してゐる、

「北陸タイムス」夕刊　1935年10月２日
児童は日本語を理解し、方言まで話せるが、保護者は朝鮮語を学ぶ必要があると考えている。

て必ず習いましょう。吾々同胞は、圧迫に浸かされているが、確かに忘れず習いましょう。」

一方、親愛会内部の非合法グループは、三五年末に「朝鮮新聞」準備号を発刊、翌三六年には非合法の富山支局を設立、毎月三〇〇部を七号まで主な会員に配布した。だが、同年九月六日に融和派とのリンチ事件があり、この取り調べ中に非合法グループが発覚した。一二日になって県特高は共産党運動に連なるとして金泰文など朝鮮人一九名を検挙し、これにより富山の親愛会は壊滅した。このとき春子さんの父親の金泰景さんも逮捕されたが、一年半後の三八年三月一四日、非合法グループのメンバーではなかったとして起訴猶予で出所した。この間、金泰景さんは獄中で文字を覚え、土木の勉強をしたと、中本さんは話した。

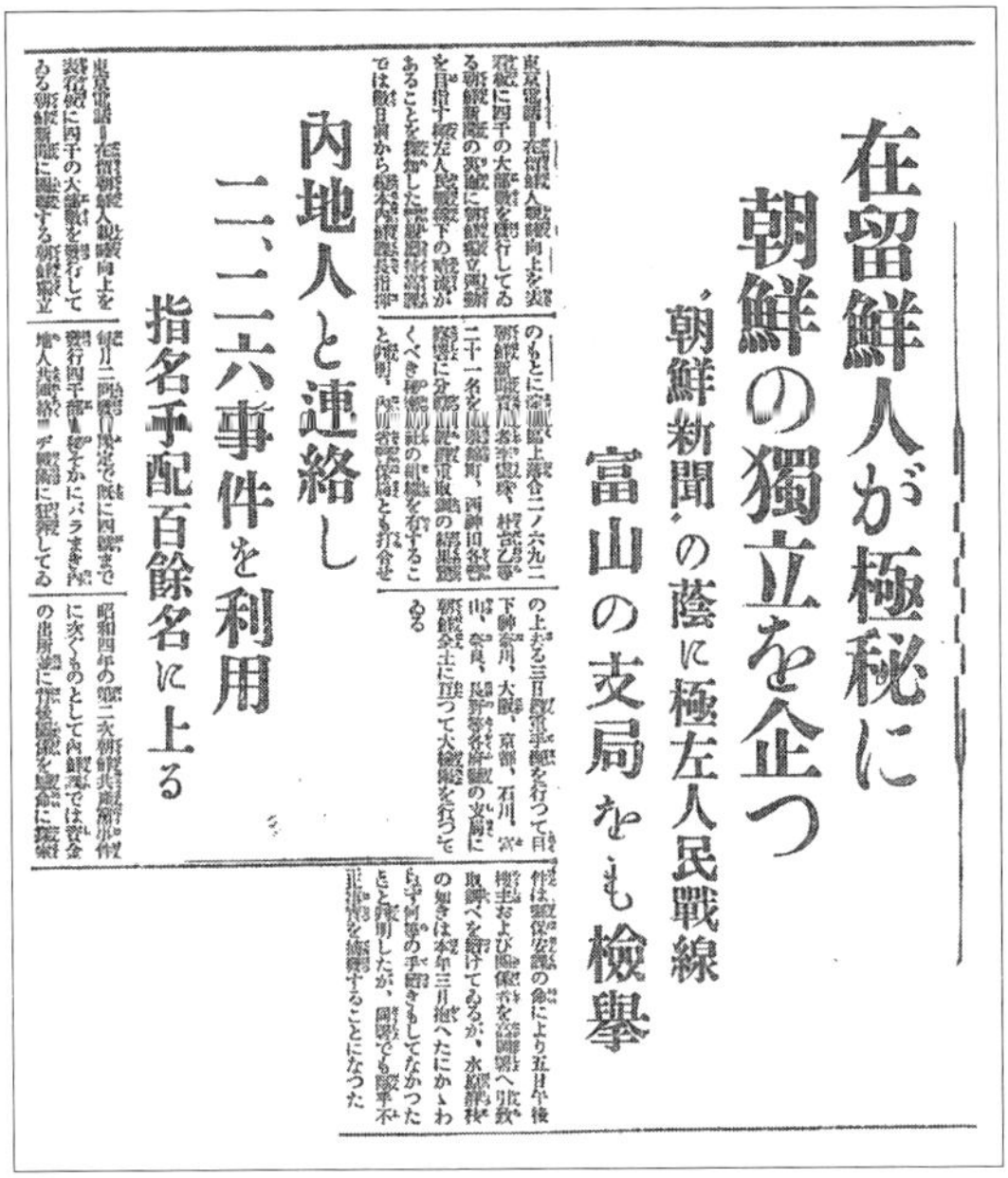
在留鮮人が極秘に朝鮮の獨立を企つ
"朝鮮新聞"の蔭に極左人民戦線
富山の支局をも検擧
内地人と連絡し
二、二六事件を利用
指名手配百餘名に上る

「北陸タイムス」夕刊　1936年9月13日

なお、親愛会は壊滅したが、その人民戦線的運動は残された労働者に受け継がれ、三七年九月一七日、社会大衆党富山支部黒部班の結成となって具体化した。その宣言文には、朝鮮人土木建設労働者二〇〇〇名の災害に対する保護と生活権擁護を求めて、「資本家に対して自らを防衛し、真の自覚せる労働者たらんとす」と書く一方、「吾々は朝鮮人のみの労働組合を組織することを為さず、社会大衆党に入党したる所以は、日本臣民として、下からの内鮮融和のためにつくさんとする意図からである」と続ける。二〇〇〇名という人数はオーバーなようだが、当時は愛本発電所の工事は終わっていたが、奥黒部と合わせてそれくらいの人数はいたのではないか。宣言には労働者や民族の自立といったことは含まれず、社会大衆党の戦時体制に組み込まれていったことがわかる。厳しい弾圧と国家総動員体制の下で、朝鮮人労働者はしだいに融和政策、協和会に組織され、「皇国臣民」への道を余儀なくされていった。

戦争協力と協和会

一九三〇年代、中国大陸への侵略を本格化した日本は、朝鮮を兵站基地とする一方、人的資源の供給地とするために「内鮮融和」事業の強化に取り組んだ。三四年には内鮮融和事業の「根本大要」を決定、それに基づいて、「朝鮮人移住対策の件」を閣議決定して日本への渡航制限を緩め、在留朝鮮人の「同化」を進めた。一九三六年には「皇民化」政策を進めるために「皇国臣民ノ誓詞」がつくられた。

満州事変後、とくに三七年以降、「感心な半島人献金」「半島人の赤誠」というように、朝鮮人による「国防献金」「神社参拝」「傷病兵慰問」の記事が多数見られるようになる。

一九三七年七月一六日　半島人一三名遅れじと献金　巷に澎湃たる国防熱

一九三七年八月三〇日　富山市堀川　朝鮮人金井徳太郎こと**金命石**（34）金一〇円国防献金。黒部奥山日電第三期工事場佐藤組配下喜田飯場の土工

一九三八年八月三〇日　「国防献金運動おこす」有峰発電工事場、朝鮮人飯場頭による朝鮮人労働

一九三八年一二月二四日

者約五〇〇名に「国防献金」を呼びかける

「見よ、半島人の赤誠」県下在住朝鮮人約三五〇〇名、日中戦争以来、国防献金、出征軍人激励、家族慰問多数、県特高課調査では、献金総額五一八円に達する

一九三九年六月二七日

「半島人美学」目下宇奈月居住半島人佐藤組配下金本飯場金本政市こと**金泰景**くん裸一貫で当地へ来たものだが熱心に働き、一般の信用も厚くなったので、佐藤組に可愛がられ遂に飯場頭にまで取り立てられ、なおいっそう真面目に働き、他の模範とまで称せられるに至った。去る二三日宇奈月派出所へ金一〇〇円を持ち来たり、之は些少ながら在住出征遺家族慰問に充てて下さるよう御取り計らい願いたいと頼んだので、同署でもその篤志に感激して直ちに内山村銃後奉公会へ送金したが、徳宣会長もその行為に感激している。

日中戦争の開始とともに、政府は人的資源も含めあらゆる資源を戦争に投入するための法整備を進めた。一九三七年八月には「国民精神総動員実施要項」を決定し、三八年四月一日に「国家総動員法」を公布、電力関連法では「電力管理法・日本発送電株式会社法」を公布、電力の国家管理を実現した。また、食料の公定価格設定、穀物配給、職場での賃金等の制限、宗教団体の教化運動、遊興営業の時間短縮など国民の生活全般に及び、統制を強化し、三九年七月には国家総動員法に基づき「国民徴用令」を公布した。

一方、国内では増加する朝鮮人の統制の必要に迫られていた。一九四〇年六月には全国の融和団体を統制するものとして「中央協和会」を設置、さらに、朝鮮総督府は朝鮮人の氏名に関する件を公布、朝鮮名から日本式の名前に変更する「創氏改名」を強制していった。

九月二二日の北日本新聞記事は、黒部峡谷の三ヵ所の飯場で協和会常会が結成されたことを報じる。常会の活動により、皇国臣民であることを強制されるとともに、飯場親方と所属する建設会社、そして警察権力と二重、三重の統制を直接受けることになった。一二月二九日、富山県知事を会長として富山県協和会が設立され、警察署内に事務所が置かれた。翌年春までに県内各署二二支部の結成を計画、在住朝鮮人

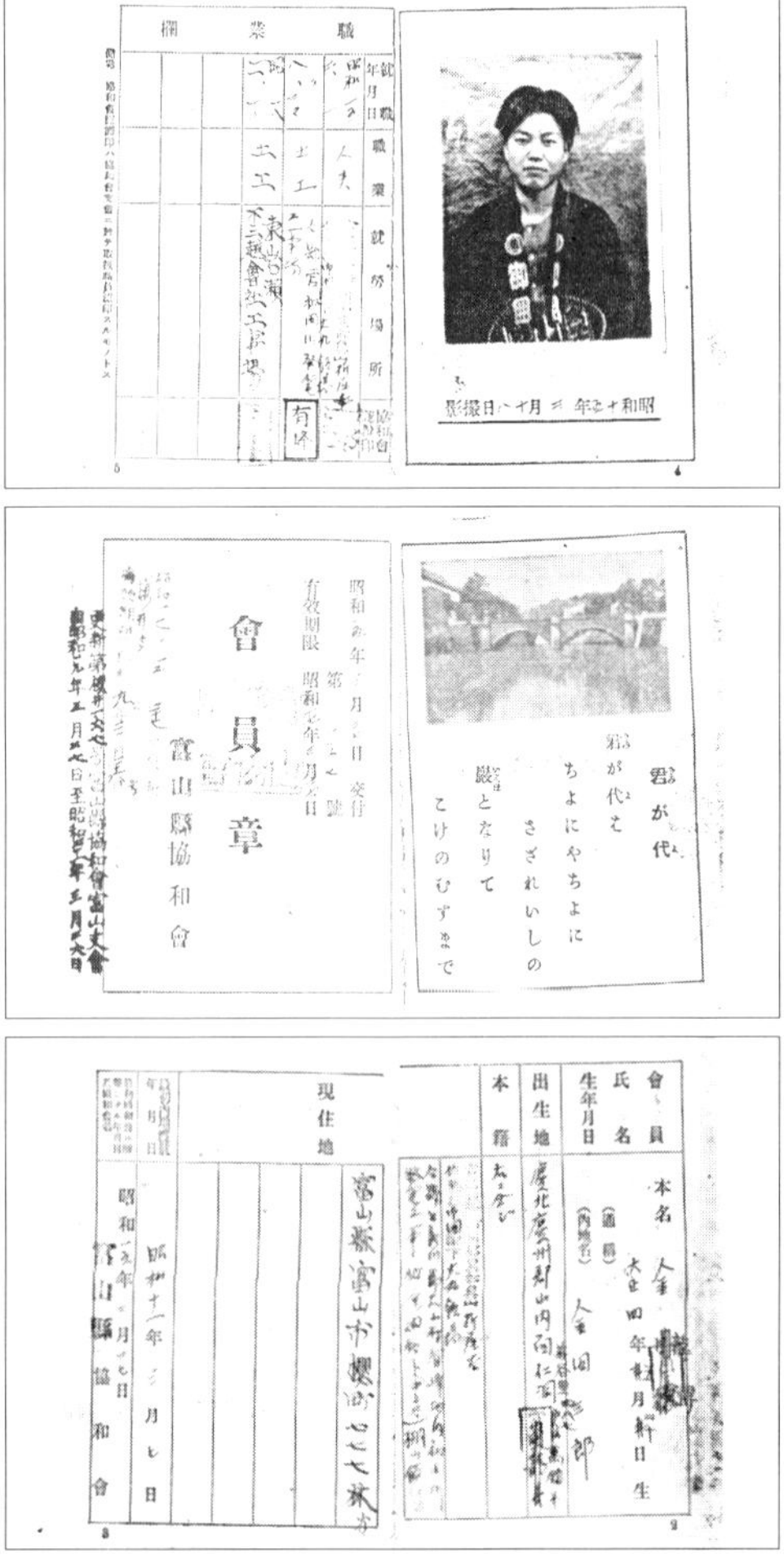

金龍得（日本名金田三郎 1915年生まれ）の協和会会員証は、帰国した本人の世話をしていた人から譲りうけた。慶尚北道慶州出身、1936年に渡航。会員証は富山県桜井支会所属で1940年３月27日発行、同年１月より黒部奥山折尾谷佐藤組大丸飯場、同年８月に富山市支会に所属、大山村有峰発電工事和田川工事場、43年11月には東岩瀬不二越工事場に移動する。写真の法被の右胸には佐藤組の印が入っている。

約七〇〇〇人は「協和会会員証」（協和会手帳）を常時携帯することになった。会員証は朝鮮人管理のための外国人登録証のようなものである。

協和事業が開始された。これにより融和親睦から同化へ、さらに「皇国臣民」として「内鮮一体」となって戦争に協力を強いるための様々な方策がとられた。同化は民族的アイデンティティを奪い、差別を内包したまま日本人化することであり、天皇への「滅私奉公」を内面化する政策だった。そのための諸施策—労働者対策、志願兵・徴兵、治安対策、渡航管理などを、朝鮮、内地でも順次進めた。神社参拝、「皇国

【4】

寫眞は訓練をうける協和會の中堅

新建設の挺身隊

心強い協和會の赤誠進軍譜

教練を受ける協和会中堅　「北日本」1940年10月21日

臣民の誓詞」の斉唱、勤労奉仕など日常活動に朝鮮人を動員し、国旗掲揚、創氏改名、日本語の強要、和服の強制、国民服と戦闘帽の着用など生活の細部に至るまで日本人化を強制し、協和会の統制を離れては生きていけない体制をつくっていった。

金鍾旭さんは当時参加した協和会での訓練体験を手紙に書いている。「昼は工場で働き、夜は一週間に一回軍事教練を受けました（午後一一時頃まで）。この教練は協和会といって警察で強制的に韓国人の会をつくり、警察官立ち合いの下で教育を受けました。この時は私が隊長となって訓練しました」。また、『協和写真画報』には、富山県協和会による訓練の様子が掲載されている。「日本古来の武士道！それは軍人精神の中に生きている！富山県協和会では武士道を在住朝鮮人に学ばせようと三日間に亘り兵営生活を実施した。⑴銃の操作　⑵小隊訓練　⑶射撃訓練」

冠婚葬祭の内地化、簡素化を図り、協和会の指導で神前結婚が阪に行われた　出展「協和写真画報」

4　黒部の朝鮮人親分・金泰景

金泰景、高熱隧道掘削を引き受ける

　ここまで何度か金泰景という名前を書いてきたが、時代と電源開発、労働運動の動きを書いてきて、ようやく本人に辿り着いた。

　中本さんの父親・金泰景さんは日本名を金田政市（一九四〇年までは金本）という。すでに書いたように、内鮮労働親愛会宇奈月支部を立ち上げたが、一九三六年九月、非合法の共産党運動に連なるとして金泰文など朝鮮人一八名とともに逮捕され、一年半後の一九三八年三月には起訴猶予で出所した。その後について周辺状況から書き進めてみる。

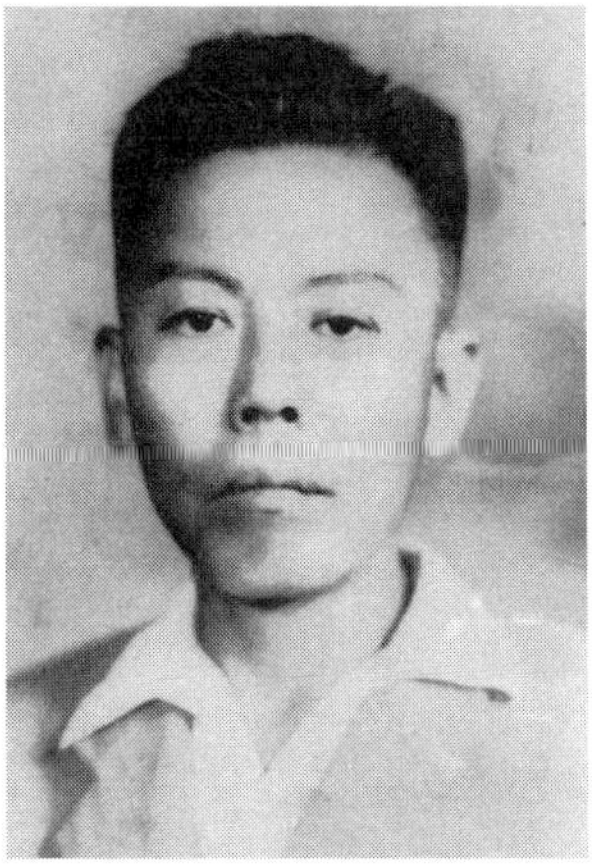
金泰景さん　提供 金世雄

　「黒三」第一工区を引き受けた加藤組が高熱隧道の工事を放棄したあと、日電は佐藤組にあとを引き継ぐように交渉していたが、佐藤組は渋っていた。ところが一九三八年四月になって話はまとまった。金泰景さんが三月中旬に出所して、阿曽原―仙人谷間の高熱隧道工事を引き受けたからだと推測する。
　そして、その年の暮れに志合谷雪崩事故が起きた。金泰景さんは事故処理に奔走、補償金などについても佐藤組や地元の内山村、県などに掛け合って交渉を行った。争議（労働運動）で培った交渉力を発揮して、扶助費四〇〇円、御内帑金、見舞金、葬儀料など合計で一〇〇〇円を超える当時としては破格の金額を引き出した。佐藤組には高熱隧道工事を引き受けた貸しがあって、得られた成果でもあろうか。一年後の一九四〇年の年頭には、今度は自分の飯場も阿曽原ホウ雪崩事故に見舞われ、大きな損害を被った。数々の困難があったが、阿曽原―仙人谷の「高熱隧道」は完成した。引き受け手のなかったむずかしい仕事をやり遂げる実力と信用を付けた金泰景さんは、佐藤組社長の後押しで子会社である金田組を起こし、小頭と呼ばれる飯場頭だけでも十数名を使うようになった。こうして、朝鮮人からも日本人からも一目置かれる存在になった。

中本さんは、金泰景さんが内山村の徳宣村長や宇奈月駅前の派出所の主任とも親しくしていたことを覚えていた。両者は時折宇奈月公園のそばにあった金さんの自宅をよく訪れていたという。「自分は朝鮮人というだけでいじめられているので、お父さんもどこかでいじめられているのではないかといつも心配していたが、お父さんが偉い人たちと仲よくしているのを見て誇らしく思った」と話した。

一九四〇年一一月、「黒三」は送電を開始し、黒部峡谷では協和会の常会が開かれ、一二月には富山県協和会が発会した。藤野豊・敬和学園大学教授は、『厚生省の誕生―日本ファシズム下の生命と身体』で、県内の協和会の結成は他県に比べて遅れていたが、志合谷ホウ雪崩事故処理を契機に結成が急速に進んだのではないかと書いている。もはや労働運動ができない状況で、いかに労働環境をよくし、賃金を確保し、生活の向上を確保するには率先して協和会に協力するしかなかったのではないか。単なる下請け飯場の親方であれば、これまでのようにみんなの要求を吸い上げて佐藤組と交渉すればよかった。しかし、子飼いの飯場頭や元々抱えている作業員、あらたに労務動員されてきた土木作業未経験の若者たちが安全面や労働条件、衣食住、事故処理などに不満をもって騒がないように抑えなくてはならない。同時に、朝鮮人を治安の対象として監視している警察や地元の理解を得るためには派出所主任や村長などと良好な関係をつくる必要があった。佐藤組とも、絶え間なく起きる事故の際の協力を必要とした。総動員体制の下で、労働者は飯場組織の統制と警察（協和会）の監視を同時に受けることになった。

金泰景さんの家族

父親の働きを身近にみていた二人の子どもに当時のことを聞いた。

姉の中本春子さんは一九二八年生まれ。日本で生まれて、宇奈月の内山小学校から魚津高等女学校を卒業して宇奈月郵便局に勤め、魚津女学校に入った最初の朝鮮人として新聞に載っている。一九四五年一一月に家族とともに故郷・済州島に帰国した。

一九九二年当時、中本さんは「在日」が多く住む江東区塩浜のアパートの二階に一人で住んでおられて、二度伺った。一度目はテレビクルーといっしょだった。孫さんから聞いていたとおり、「よくできる（勉強している）」人で訊ねるとはっきり答えられた。もう少し詳しく聞きたかったので、もう一度一人で訪ねた。食事なども準備してあり、ゆっくり話ができた。

「猪谷の現場から黒二の工事で宇奈月に来たころ、飯場は小さくて人数も少なかった。お父さんはとても努力家で、よく勉強して仕事の仕方や人の使い方がだんだん上手くなり、飯場も少しずつ大きくして経営も楽になってきた。そうなると他の飯場にも配慮する余裕が生まれ、みんなをまとめたり、佐藤組と交渉したり、信頼も増して親愛会を作るようになった。心の広い人で自分を頼ってくる様々な人を受け入れたので、親愛会を破壊する思想事件に巻き込まれた。でも、主義主張があったわけではなく、生活をよくして民族差別をはねのけようとしたのだろう」

「親愛会を破壊する思想事件」との表現は戦後に学んだ知識であり、中本さんが相当の勉強家であることがわかる。父が親愛会を立ち上げるために奔走し、共産党一斉検挙で逮捕される姿を子どもながら横で見ていた中本さんの無念な気持ちが理解できた。しかも、そのことで父は一年半も留置されていたのだ。その間中本さんは、新潟県青海にいたという。

息子の金錫俊さんは、中本さんの三歳下で一九三一年に細入村蟹寺で生まれた。その後宇奈月に来て、内山小学校から旧制魚津中学に入学、解放を迎えたときは四年生だった。

「子どものころ、隠してあった朝鮮独立の本を見ていたら、父親が怒って取り上げ、そのまま火にくべられた。また、家にはいろいろな寄宿人や飯場には行かず仕事をしないで遊んでいるような人たちもいて、いま考えれば兵役拒否者や思想犯ではなかったか」と話した。「月に一回の警察の巡視の時は袢纏を着せて隧道の中に入れておけばわからないのだから」。そういう人だったから、自分は刑務所にいながら

中本春子さん（中）、此川純子さん（右）、筆者（左）

も配下の者が工事を執り行い、飯場を維持できたのであろう。

金泰景さん一家と親しかった孫秀栄さんは当時を思い出して次のように書いている。

「一九三九年より、日本は拡大一路であった戦争を乗り切るために半島人と呼ばれた若者たちを日本に強制連行しました。また一方、志合谷、阿曽原のホウ雪崩犠牲者に対する佐藤工業側の冷ややかな態度はそうよい印象ではなかったようです。犠牲者の後始末に奔走しておられた父親の苦労を目前にした（中本）春子さんの気持ちは如何ばかりかと思います」

「当時高い賃金が支払われていた出稼ぎの労働者も、同僚の死を見る事例が多くありました。それで動揺した労働者の騒ぎが起きるたびに優れた統率力が奏功し、また遺体を運んできた地元の人たちに心付けを出したり、火葬場で連日遺体を荼毘に付している人たちに仕出しを頼んだりしていた。富山の佐藤工業本社に出かけて、見舞金や補償金交渉していた」

金錫俊さん（1992年３月）

中本さんも、何かの事故のとき、自宅玄関に運び込まれ、死んでいると思った身体が口から泡を出しているのを見て驚いたと話していたが、自宅に運ぶほどに配下の労働者を親身に世話をしたのだろう。たしかに、朝鮮人労働者を仕切るのは朝鮮人の親方であり、同胞を酷使したのも、死と隣り合わせの仕事を強いたのも親方であった。「千人以上の朝鮮人が働く宇奈月で鮮人の血を吸う不良鮮人親方が四〇人以上も入り込み、多額の金銭をむさぼっている」（「富山日報」一九二七年四月二八日）との記事もあるが、金泰景さんはそうした親方ではなかったから成功したのであろう。

ふたりの金さん

中本さんが六〇年後に思い返すほど、金泰景さんが熱心に志合谷事故の救援と事後処理に取り組んでいたのは、同胞が多く亡くなったというだけではなく、他にも理由があったのではないか。著者は、金泰景さんは、志合谷で亡くなった金命石さんと親しかったのではないかと考えている。同世代で、同じ佐藤組の飯場頭、トンネル屋、しかも一九三〇年前後には県境を挟んで、それぞれダム工事と飛越線工事の現場にいた。さらに、命石さんの三男・鍾阜さんは一九三二年に岐阜県坂上村で生まれ。泰景さんの二女寿子さんも同年同村で生まれた。一九二八年には蟹寺ダム工事場には四千人、飛越線の工事場には「朝鮮人約千名、飯場四〇余」があった。金命石さんの金井飯場で隧道崩落事故があり、死亡者が出た。(「朝鮮人土工惨死、隧道崩壊、細入村加賀沢地内、飛越線工事喜多配下金井飯場」「北陸タイムス」一九二八年九月一四日)。当時、事故が起きると元請け組に補償を要求する争議が多発していて、飯場は相互に加勢し合っていた。また、思想的立場が違っていても融和派と労働者団結派の抗争が絶えない時期でもあり、知らないということはありえない。飛越線が高山線とつながったのは一九三四年だが、両者は「黒二」工事が始まる一九三三年には黒部に移動していたと思われる。

孫秀栄さんは手紙に「志合谷雪崩補償交渉で、金泰景さんは佐藤組と激しく渡り合った」と書いている。命石さんと面識があった、または親しかったからではないか。親しくなくても互いの技術を認め合い、張り合っていたのかもしれない。国防献金や戦争遺族への見舞金献金など、数えるほどしか朝鮮人の名前が見られないなかに二人の名前がある。命石さんは富山市堀川に家を構え、子どもを旧制中学校に入れ、志合谷に新しくできた宿舎の一番いい部屋をもらうほどの実力者だった。いっしょにいた妻と一歳の子どもとともに亡くなり、我が子と同じような年齢の子どもたちが残された。金泰景さんは我が身と置き換えてみたであろう。それにしても、親の死亡補償金二〇〇〇円以上が子どもに渡っていないとは、何ともひどい話である。

高熱隧道の工事を引き受けた金泰景さんにとっては、こうした交渉の成功は、自分の力、朝鮮人飯場の実力を佐藤組と配下の飯場の親方連中、労働者にしっかり認識させる機会でもあった。

金田組設立

高熱隧道の完成によって業績を認められた金泰景、日本名・金田政市さんは、佐藤組の社長に勧められて、金田組を創立した。このような事例はそう多くなかったのだろう。名前は記されていないし、多少事実と違うが、金賛汀『雨の慟哭』に書かれているのは金泰景さんのことに違いない。「隧道内のあまりの高熱のため、工事が不可能となったとき、臨時の朝鮮人小組頭にその工事をやり遂げたら名義人の小組にすると約束し、工事をやり遂げさせたことがある。」それまでの金本を金田に変えたのはこのときだろう。

孫秀栄さんによれば、「黒三」ダム建設時、峡谷一帯にわたる佐藤組が請けた難しい隧道工事のほとんどに金泰景さんの配下の飯場が携わっていたという。飯場頭だけでも一〇数名、少数の日本人労働者を除いてほとんどが働き盛りの朝鮮人で、その総数は六〇〇名を超えた。命知らずの者だけが働く現場に子飼いの飯場頭を配置し、強制連行された作業員とともに働かせ、難度・完成度の高い仕事を成し遂げた。

「当時は現場や事務所で着用する半纏の襟の左右に佐藤工業と金田組と印していたほどです」と、孫秀栄さんは手紙にイラスト付きで書いている。孫さんの父親は峡谷の飯場に食料品を納めていて、孫さん自身も手伝っていたというから話はそう違わないと思われる。

金泰景さんの家の近くで芸者置屋をしていたという瀬山つるさんにも話を聞いた（一九九二年）。

「宇奈月の大火事でみんな燃えてしまったけど、この通りには朝鮮人の家がたくさんあった。金本の親父は太っ腹で、みんなから慕われていた。あるときケンカで腹を切られた。とび出したはらわたを自分で腹に押し込んで、医者に運ばれて、また元気になって戻ってきた。すごい人だった」。瀬山さんはさも自分が見たように話したが、たぶん、当時ですら伝説のようなものになっていたのだろう。

5 佐藤組の海外事業

朝鮮進出

金泰景さんが、一九二〇年代後半から神通川水系で発電所工事に携わり、工事場を黒部峡谷に移し、さらに高熱隧道を掘って「黒三」を完成させた、佐藤組に触れておこう。

佐藤工業株式会社案内沿革（ホームページ）によれば、佐藤組は一八六二年に初代佐藤助九郎が富山県柳瀬《やなぜ》村において創業した。越中四大河川（庄川・神通川・常願寺川・黒部川）の治水工事を一手に施工、一八八五年には東海道線新設工事（菊川―天竜川間）を施工した。一九三一年には資本金二〇〇万円をもって組織を改め、佐藤工業株式会社を設立した。この本では戦前人々も言いならわし、そして新聞も書いているように「佐藤組」と記すことをお許し願いたい。

日清戦争後、日本が朝鮮を実効支配しつつある時期に佐藤組は海外事業に乗り出した。朝鮮支配とその産業発展に期する諸施策の一つに鉄道敷設があった。日本は、閔妃事件などで反日感情が高まった時期にも朝鮮支配層に接近して利権を得ようと働きかけていた。鉄道敷設権を狙うのは日本ばかりでなかったが、一九〇〇年には日本の財界実力者一五人からなる「京仁鉄道引受組合員」を作り、権利を得て工事を完成した。

佐藤組も同時期朝鮮に進出、京仁鉄道の次に敷設された京釜鉄道（京城―釜山）工事で第六工区を受け持った。「夜を日に継ぐ突貫作業の結果、（明治）三七年三月着工以来翌三八年一月には早くも竣工した」と佐藤工業社史『一一〇年の歩み』に書かれる。京釜鉄道と同時に、満州への軍用輸送に使われる馬山浦線でも第二工区八キロメートルの工事と進永停車場などの建設を請け負った。

その後も幾多の海外工事を完工し、一九四〇年には台湾電力天冷発電所建設（台中東勢部）を指名入札で請けた。金泰景さんが会社を設立したのはこのときであろうか。「父は、社長さんといっしょに飛行機で何度も現地の工事の確認のために出張しました」と、中本さんは誇らしげに話した。佐藤組の社長といえば天上の人であり、朝鮮人の飯場頭にとっては、いっしょに飛行機に乗るなど夢のまた夢のようなことだったに違いない。台湾で工事を請け負ったかどうかはわからないが、何度も社長と行ったのは工事方法の検討と現場確認、見積りなどのためだったのだろうか。社史には、当初「実費報酬加算式」で契約したものの諸物価高騰と就労者の移動によって賃金が上がり、その後の交渉で「請負方式に」変更したと事細かに書かれている。佐藤組はこの工事で大きな値引きを要求されてかなりの欠損を出したと書いてあるからたいへんな事業だったのだ。

佐藤組と朝鮮人飯場

佐藤工業は、『一一〇年の歩み』に、自社の特色として次のことをあげている。出身地は富山県庄川沿いの柳瀬村で、村は毎年のように洪水に見舞われたことから江戸時代より河川工事を得意としていた。子飼いもしくは父子相伝の「人夫」が多く、「柳瀬者《やなぜもん》」と呼ばれる団結の固い集団だった。全国各地で仕事をするようになってからも、渡り者の下請けとも子飼いの配下同様強く結ばれ、それによって質の高い仕事をしてきた。

先に書いたように、朝鮮では一九〇三年に始まった京釜鉄道工事を施工、また日本では一九一七年の細入村庵谷富山電気拡張工事に朝鮮人飯場があり、孫請けである朝鮮人の飯場頭の下で朝鮮人労働者が働いていた。鉄道敷設工事の一部工区を請け負うことで、早い時期から朝鮮人労働者との関係があったと思われる。

佐藤組が創業当時から河川工事を得意としてきたように、工事の元請けとなる土木会社にはそれぞれに得意分野があり、佐藤組は電源開発では電力会社から指名で受注することもあった。配下の組にも同じことがいえ、隧道工事の得意技術があれば質の高い施工が可能となり、施工することによってさらに習熟度が上がった。このように土木会社の末端においても各分野で経験と技術をもつ多様な飯場＝技術集団ができていったであろう。佐藤組は県内のダム工事だけでも庄川に小牧ダム、祖山ダム、小原ダム、神通川に庵谷ダム、蟹寺ダム、そして黒部川電源開発と、幾多のダム建設に関わり、多様な技術をもつ下請けを多く育て、抱えるようになった。金命石さんが「黒三」で第二工区の隧道掘削を請け負い、金泰景さんが高熱隧道を完成したのも、隧道工事の技術を認められてのことだろう。

アジア太平洋戦争の末期、米軍機による空襲により太平洋側の関東や関西の工場地帯が狙われ、そのために地下工場を造ったり、日本海側に工場を疎開するようになった。佐藤組はこうした地下工場の工事にも数多く携わった。富山県内にも、不二越文殊寺疎開工場、三菱航空機雄神地下工場跡が未完のまま残るが、他の地下壕同様、現在は崩れ落ち、危険な状態にある。(注)

『浅川地下秘密工場』（のんぶる社　一九九〇）の著者、齋藤勉さんは、浅川地下工場建設について次のように書いている。「佐藤工業配下の労働者を中心にして掘削されているのだが、工事の精確さ迅速さから、工事従事者の技術力の高さを伺い知ることができる」。佐藤組はこの仕事を特命で受注したが、トンネル（地下壕）の方向と形や壁面に残された掘り跡からだけでも、高熱隧道に携わった労働者を充てた佐藤組と、その場の寄せ集めで強制連行の労働者を使った他の組とでは歴然とした差がある。特命で受注ということは、「黒三」建設もまた隧道掘削技術の高度化とともに、会社のイメージを高めることに一役買ったからであろう。隧道掘削工事における朝鮮人飯場は、佐藤組にとってはなくてはならない看板となっていたことがわかる。

また、同書は佐藤組の掘削を請け負った八人の親方のうち、林さんと岡田さん（創氏改名で日本名になっている）他四名が朝鮮人だとする。齋藤さんは、一九九〇年前後に佐藤工業の宮嶋副社長と神藤常務

不二越大山文殊寺　掘り口はこのように大きい。反対掘り口は道路側にある

に聞き取りをしているが、齋藤さんからテープ起こしをした文書を譲り受けた。それによると、佐藤組の飯場には五〇〇人の「自由労働者」（朝鮮人）がいたが、内五〇人は庄川の小原水力発電所工事から移動し、浅川では家族と合わせて一五〇〇人ほどが宿舎に住んでいた。削岩機やコンプレッサーなどの機械を黒部から持ってきて、浅川地下工場の工事は一九四四年一一月に本格的に始めて二月には計画の部分を掘り終えた。八王子地下壕は最終的に中島飛行機の工場になったが、軍の機密となって引き渡し以後どのように使われたかわからないという。同時期、富山県雄神村の三菱航空機製造地下工場掘削の現場でも佐藤組の朝鮮人監督は家族と共に移り住み、村内の家々に分宿して子どもたちは雄神国民学校に通い、独身の労働者は三角宿舎に泊まっていた。(注) 富山市大山地区文殊寺でも、佐藤組は不二越鋼業の地下工場を掘削していて、壕の掘り口そばの空き地に三角宿舎が建っていたとの証言がある。戦争末期には、以前からいる朝鮮人は家族とともに現場から現場へと移動し、小頭を中心に結束の固い労働集団を維持し、強制動員された労働者とともにダム工事に替わり地下工場を造っていた。

（注）参考文献　松本文雄『司令部偵察機』・澤田純三「近代史研究」一五号

隧道工事の特殊技能集団として

「黒三」工事以降、現場ではどのように仕事が進められ、労務管理がされていたのだろう。早い時期から内地に来て、隧道工事のような専門の仕事に習熟し、子飼いの技術者を育て、元請の組や仲間の親方たちからの信頼を得て成功した人たちがいた。蓄財して、飯場頭から下請けの組を作った金泰景さんのような人たちだ。およそ朝鮮人労働者は朝鮮人の飯場頭の指揮下にいたといわれる。故郷から縁故者を呼び寄せ、また流れ者の同国人を雇って仕事をした。また、金敬浩さんのように、募集の時代、自分で朝鮮に行って日本に連れてきて、その人たちを引き連れて現場を移動した親方は多い。技術を習熟した人たちの技能集団により現場は仕切られ、その下で強制動員された人たちが働いた。暴力的な労務管理では、作業効率が下がり、品質も劣化する。差別的扱いを受ければ関係が悪くなり、事故にもつながる。事故があれば、それだけ仕事が遅れ、人員の補充にも苦慮しなければならない。ひどい労働実態があったのも事実だろうし、納得できる賃金を得て労使協調して質の高い仕事をした集団があったのも事実であろう。

現場を仕切ることについて、金泰景さんの長男・金錫俊さんは、規律を強調した。「飯場では頭の言うことが憲法第一条。少しでもおかしいことをすればただでは済まなかった」と話した。過酷な労働環境でダイナマイトなどの危険物を使用し、手順よく仕事を進める必要があった。一瞬の気のゆるみが事故につながり、一旦事故が起これば死傷者が出ることは必至だから、厳しい規律は当然である。林さんや岡田さんなどの数多く小頭をまとめていたというが、どのように管理統制していたのだろう。

規律を守らせるために暴力が使われることは多い。軍隊では命令を徹底する訓練としてビンタが効果的だったといわれる。服従を身体に覚えさせるということであろうか。著名な映画「黒部の太陽」には「黒三」建設当時に青竹で労働者を叩きながら酷使する場面がある。聞き取り調査をしてシナリオを書いたということだから事実かもしれないが、ムチばかりでは仕事は進まない。また、『高熱隧道』には、トンネルを両方から競争して掘り進み、先に穴を開けた方に特別の賞金が出るという場面がある。こちらも吉村昭が周到な聞き取りをしたというから、実際に賞金を出してモチベーションを高め、競争させたと思われる。やはり、計画通りに完成するためには、ムチやビンタよりも、高熱隧道での栄養満点の食事に倣って食料不足のなかでも食事や労働条件をよくして労務管理の面でも工夫を凝らすしかない。一日も早く完成したい日電―元請けの佐藤組、より高い収入と完成度を実現したい飯場頭―労働者の関係は労使協調を可能にしたであろう。また、飯場は協和会の下部組織と一体のものであり、戦意高揚の中で、モチベーションを高めて困難な仕事を成し遂げることにつながったと思われる。

なお、飯場頭の妻についてだが、妻にも役割があった。『雨の慟哭』では「昭和一〇年代になると朝鮮人の親方が増えて、ほとんど飯場頭のおかみさんが切り回すという形態になっていた」と書かれ、おかみさんによって飯場の食事も少しずつ改善されるところが多くなってきたという。金泰景さんの妻の李順児(イ・スニ)さんは、当時はもうすでに飯場の食事を作ることはなく、夫やまだ小さい子どもたちの世話をし、小頭やその家族のめんどうをみていたのではないだろうか。中本さんからチマチョゴリを着た飯場頭の妻たちの花見の写真を見せてもらったが、「母は家族の面倒もよくみてやり、病気や困った時の援助などを行った」と話した。故郷から縁故で呼び寄せた人たちもいて、次の人集めを考えれば当然ともいえる。また、心配事があれば労働効率は低下し、事故につながりかねない。新しく来た者には、仕事が一人前にできるようになれば収入も増え、結婚し、家族を呼び寄せる希望があると励ましたであろう。

金泰景さんの妻と小頭の妻たち。宇奈月公園花見。子どもは寿子（左）と春子　提供：中本春子

工場・事業所への連行

（参考資料：「草民諸3」強制連行の足跡をたどるin富山）

三菱第十一航空機製作所大門工場 〃　庄川地下工場 〃　井波工場 〃　福野工場	一九四五年一～四月三菱重工の名古屋航空機制作所を富山県に疎開、三菱第十一制作所として最新鋭機生産。四月、政府命令により庄川雄神村地下工場建設予定。『米国戦略爆撃調査団報告書』によると「雄神川地下工場建設に二〇〇〇人の朝鮮人動員」。「三菱第十一航空機製作所の労働者配置数」の中に、朝鮮人徴用者、男三八一名、女二七二名、計六五三名とある。雄神国民学校の記録―朝鮮人労働者の子弟が当時六〇名在学。
不二越㈱文殊寺工場 〃　萩浦工場 〃　本社工場	大山町文殊寺に地下工場跡現存。 『不二越五十年史』―朝鮮半島から一九四四～一九四五年にかけて女子挺身隊一〇九〇名、男子報国隊五四〇名入社
日本カーバイド魚津工場	『三〇年史』―一九四三年一〇月、合成ゴム部門が軍の共同管理工場になり、従業員九〇六人の他、徴用工、朝鮮人労働者など七〇〇人加わり、一六〇〇人態勢
住友金属プロペラ工場建設工事	「証言」―富山市森の工場近くに多くの朝鮮人土木作業員家族住んでいた。 一九四五年七月、富山初の空襲で死傷者多数
日本マグネシウム笹津工場	『朝鮮人強制連行の記録』（朴慶植著）に記載、一九四四年北朝鮮からの徴用工二〇〇人ほど
日本鋼管富山工場	「労働管理関係資料」（一九四二年九月）に記載、一九四一年夏、初めて「半島人労務者」〇〇名移入、一七才～二六才の青年層
僧ケ岳モリブデン鉱 （北日本鉱業㈱） （日本鉱業㈱）	「証言」では二〇〇名を越える鉱山従業員がいてその中にかなりの朝鮮人労働者もいた（『黒部奥山のモリブデン鉱』奥田淳爾著）
日本海ドッグ	円山（場所不定）に地下工場建設計画　一九四五年
昭和電工富山工場	兵器製造に強制労働

出典『黒部・底方の声』

戦時朝鮮人強制労働調査資料集　増補改訂版―連行先一覧・全国地図・死亡者名簿―
（2015年）

6　解放後、済州島へ

金田組の戦後

金田組小頭の林さんと岡田さんだが、二人とも解放の翌年には朝鮮に帰った。浅川での佐藤組事務担当者によれば、のちに林さんから佐藤組で働いていたことを証明してほしいという依頼があったことから、日本に戻り再度仕事をしていたようだ。筆者は佐藤工業の役員をしていた秋藤元佐藤工業富山支店長から、「入社した直後に回された北関東の現場で林さんという朝鮮人の頭に仕事を教えてもらった」と聞いた。また、中本さんからも、林さんと連絡を取っていると聞いたが、私は林さんに連絡しなかった。いま考えれば惜しいことばかりである。

金泰景さん一家は、戦争の終わった一九四五年一一月、家族全員で大阪から済州島に引き揚げた。中本さんや金錫俊さんの話によれば、いろいろ持ち帰りたかったが、持ち出し制限があり、それはかなわなかった。お金を固く巻いていろんなところに隠し入れたという話はいろいろな人から聞くが、錫俊さんも同じようなことを話していた。

中本さんは、「だれも持たないような立派な振袖を買ってもらったのに、友達にあげるしかなかった」と悔しそうに話した。戦争中は振袖など着るわけにもいかず、大切にしまっておいたものであろう。たとえ無理して持ち帰っても朝鮮で着る機会などあろうはずもないが、中本さんの娘心を見た思いであった。女子挺身隊として不二越鋼材に行った折は炊事班になり、栄養を逃がさないようにとコメを洗うこともなく、カマス（藁でできた米袋）から直に煮立った釜の中に流し込んだという。「朝鮮からも勤労挺身隊が来ているという話は聞いたけど、会ったことはなかった」とも。最後の話は八月二日未明の富山空襲のことだった。宇奈月郵便局で電話交換手をしていたが、その日は夜勤で交換台にいた。富山局と交信しているとき、相手が「もう火が迫っている」と言ったので「早く逃げて」と返したが、その直後に交信が途絶えたという。「あの人は逃げ遅れたに違いない。ずっと心に残っている」と話した。実際、富山空襲では多くの電話交換手が逃げ遅れて亡くなった。青春を戦争に奪われた中本さん、日本への心残りはそこにもあった。

いま、中本さんはどうされているだろう。二〇一九年八月一四日、二七年前に訪れた中本さんのアパートがあった住所を尋ねてみた。当時は在日コリアンが多く住み、金属加工の家内工業をしているような家が並んでいたが、すっかり変わって、アパートが建ち並ぶ住宅街になっていた。同じ番地の外階段造りの家を探して二階まで上がってみたが、表札の名前は変わり、若い人が住んでいた。生きておられたら九二歳、どんなに元気でも二階では暮らせないと思って引き返した。

錫俊さんには、一九九二年に韓国で話を聞かせてもらったが、その数年後に富山を訪れた。その話はまたあと（三章）にしよう。

金泰景さん　提供：金世雄

金泰景さん故郷へ

戦後日本に残る道もあったと思われるが、金泰景さんはその年のうちに済州島に戻った。朝鮮人としてはこの上ない「出世」をしたのに、すべてを置いて、日本を去ることを決意させたものは何だったのか。事業がうまくいっていても、植民地の民として差別され、また成功をねたむ人たちがいて妨害も受けたのだろうか。それよりも、全国各地で工事をしていれば、米軍機によって日本全土が焦土化していることがわかり、敗戦を予想していたのではないか。朝鮮が独立するときが来れば、済州島に帰って故郷の近代化に力をふるいたい、そう願っていても不思議ではない。そうであれば、あらかじめ故郷に資産を移していたかもしれない。まだ四〇代なかば、その気になればなんでもできる年齢だった。

金泰景さんは、済州島に帰ってからどのように生きたであろう。日本に居たときのように毅然と、そして家族と幸せに暮らしたであろうか。実は中本さんから、少しだけ話を聞いていた。

済州島に帰って二年余り、一九四八年の春、島で四・三事件(注)が起きた。警察や軍による虐殺ばかりか、集落内や親族同士でも殺し合う惨事となり、朝鮮戦争停戦後の一九五四年まで続いた。このとき、金泰景さん一家もこの渦に巻きこまれたが、金泰景さんは日本から帰って「親日」ということで混乱時には刑務所に囚われていて助かったという。

中本さんの部屋には、乗馬姿の金泰景さんの写真が掛けられていた。お父さんは済州島に帰ってからも元気に土建業を営み、済州空港建設にも携わったと中本さんは誇らしげに話した。民間人として戦争中に飛行機に乗る経験をした数少ない朝鮮人のひとりだ。隧道工事の技術を生かすような仕事ではなかったかもしれないが、飛行機が次の時代の交通手段になることを確信して、済州空港建設に取り組んだに違いない。

金泰景さんは、その後一九六六年に六七歳（一八九九年生まれ）で亡くなった。済州島での「金本のオヤジ」の生き様を見たいものだ。


（ここまで二〇一九年に記す）

（注）一九四七年三月一日の警察の発砲事件を起点として、警察・西青（西北青年会）の弾圧に対する抵抗と、単独選挙・単独政府への反対を旗印に一九四八年四月三日に南労党済州島党の武装隊が蜂起して以来、一九五四年九月二一日の漢撃山禁足地域の全面的開放までに、済州島において発生した武装隊と討伐隊の武力衝突と、討伐隊による鎮圧過程で多くの住民が犠牲となった事件をいう。（済州四・三事件真相調査報告書の結論）

7　済州島の金泰景

金泰景さんの消息を追って

済州島は、俗に「風と石と女の島」といわれる。台風の通り道にあり、強い季節風が吹く火山島で、島のどこに行っても垣根などに火山岩が積まれる。土地はやせていて、コメはつくれず、生活は厳しかったという。併合後の一九二二年には大阪への定期船が就航し、一九三〇年代初めには大阪に行く労働者は月平均一〇〇〇人を超えた。一九三四年になると、日本に居住する済州島出身者は当時の済州島の全人口二四万人の二〇％に当たる五万人を超えていた。泉南の繊維関係の工場で働く人もあれば、大阪から全国の工事場へ向かう人たちもいた。

いつしか、済州島に行き、金泰景さんの故郷の村に行って、兄弟や子どもたちに会い、島に帰ってどのように暮らしていたか知りたいと思うようになっていた。また、当時黒部で働いた労働者の子や孫にも会えるかもしれないと思いを熱くしていた。済州島へ行きたいという思いが募っても、住所がわからなければ訪ねていくことはできない。二〇一九年春になって、中本さんが魚津女学校に入学したときの記事に金泰景さんの本籍があったような気がして探してみると、「朝鮮少女　女学校へ」（「北陸タイムス」夕刊　一九四二年三月二四日）という見出しがあり、済州市《チェジュシ》涯月邑《エウォルム》郭支里《カクチリ》ということがわかった。それで、金泰景さんの調査ために済州島に行きたいと朴根貞さんに相談すると、親しい友人が済州島に住んでいるという。大学で日本語を教え、済州四・三研究所の委託調査員だとのことで、事前に資料を送っておいた。

二〇一九年八月下旬、朴さんと済州島を訪れた。済州四・三研究所では被害者の名簿が作られていて、金泰景さんという名前はあったが別人だったという報告をもらった。また、出身の村へ行っても七〇年前のことを調べるのは難しいと言われた。息子の金錫俊さんについては、出身大学の済州島同窓会があるので名簿を調べてみたが該当者はいなかったという。錫俊さんは大学卒業後島に戻っていないのだろうか。

調査を継続できないかお願いしたが断られた。しかし、スタディツアーよろしくあちこち案内してもらい、四・三研究所に行って話を聞き、虐殺のあった場所を周り、慰霊碑などの説明を聴いた。

なぜ済州島での調査が必要か

「底方の声―三〇年後」を書こうと自分の中で決めたのは、朴さんの訪問があった二〇一八年夏のことだった。それ以前にも『黒部・底方の声』の中で金泰景さんのことを追求していきたいと書いたし、出版後にも息子の金錫俊さんやその友人の孫秀栄との交流は続き、また孫さんから金田組についての報告をもらっていた。それからずいぶん年月を過ごしてしまったが、今一度と思ったことには別の理由もあった。強制動員による「徴用工問題」の解決が日韓の課題になる中で、朴垠貞さんの自分ができることをするという考えはとても納得できたし、この問題で日韓の女性が協力するということは素敵だと思った。また、戦前の朝鮮人労働者についての言説が強制連行に集約されているのは仕方ないことだが、多様な事例を明らかにすることは大切だと思っていた。その点、子会社の社長にまでなった金泰景さんの事例は特別なので調査する意義はある。しかし一度行ってみて、調査はかなり難しいとわかった。

かくなるうえは調査を手伝ってもらえる済州島や四・三事件の研究者を探すしかなかった。ある日、「四・三事件」「村上尚子」という文字が目に入った。富山市出身で、四・三研究所に留学していて、神岡（飛騨市）のお寺に保存されていた遺骨の遺族を探し出した人だ。連絡を取ると折よく済州島におられて、予備調査を引き受けてもらえた。二〇二〇年になって、村上さんは四・三研究所の金昌厚（キム・チャンフ）先生といっしょに二度調査に訪れた。四・三事件のせいで、現地では知らない人への警戒心がとても強くて、様子をうかがいながら方言で聞き取りをしないと聞きたい話が出てこないという。こうした調査を長年進めてこられた金昌厚先生のおかげで、故郷での金泰景さんが里事務所建設に千円寄付したという碑が見つかり、三男の金世雄（キム・セウン）さんが済州島に住んでおられることもわかったという報告をもらった。即刻、二〇年三月に済州島に行って関係者を訪ねることにしていた。ところが、急激なコロナ感染拡大で村上さんは急遽日本に戻り、海外渡航は全面禁止となり、すべてをあきらめざるを得なかった。

［表面］金泰景 記念
［裏面］捐金千圓 吾鄕一舎 有義有恩 百世斯人
［側面1］昭和17年3月？
［側面2］鄕員一同 区長 朴鎮禧
提供：村上尚子

　その後も感染は続き、結局訪問調査は二〇二三年四月になった。まずは、金昌厚先生に連絡を取って、調査の続きと案内をお願いしなくてはならない。それなのになかなか連絡が戻ってこなくて、ダメなのかと落ち込んでいた。しかし、メールを見ていなかっただけとのことで、引き受けてもらったときはとてもうれしかった。金先生は、済州四・三研究所所長だったので四・三事件記念式典までは忙しく、その後の数日で、泰景さんの生まれ故郷の納邑里《ナブプリ》に行き、3年前に話を聞いた親戚の金淳賢（キム・スンヒョン）さんに会い、さらに三男の世雄さんと会って、泰景さんの墓地を訪れたという。「万事うまく準備が整っているから安心して来てください」とのメールをもらったのは出発の数日前だった。なお、残念なことに、今回村上さんは同行することができず、通訳は、韓国語の『底方の声』の翻訳者である朴根貞さんにお願いし、三〇年前と同じ地元放送局・KNB（北日本放送）が同行取材した。

二〇二三年四月　済州島調査

こうして、二〇二三年四月一七日に済州島を訪れた。

翌日、最初に納邑里に住む、親戚の金淳賢さんを訪問した。九五歳（一九三二年生まれ）の漢文学者で、金泰景さんとは八寸《またいとこ》、錫俊さんとは同年の生まれだという。泰景さんには会ったことはなかったが、現在納邑で金泰景さんのことを知っているのは自分だけだと、『金海金氏璿源統合大同世譜上編』（族譜）を示しながら話された。理由は、泰景さんは一八九九年に金明守と夫達孝の子として涯月邑《ウォルム》納邑里《ナププリ》に生まれたが、同邑郭支里《カクチリ》の金鹿洙の養子になったからだった。それでも自分が知っているのは、幼いころから日本での泰景さんの活躍を聞いていたことや、生まれ故郷というだけなのに池を造るのにたくさんの寄付をしたという碑があるからだった。

話を聞いたあと、みんなでその池に行った。池のほとりには「金泰景記念碑」と「訓長金斗五頌徳碑」が並んで立ち、そばの銘板には日本語の説明もある。この地域は漢拏山《はるらさん》の山麓にあり、水が出ない。一九四〇

池のほとりに立つ「金泰景記念碑」（左）

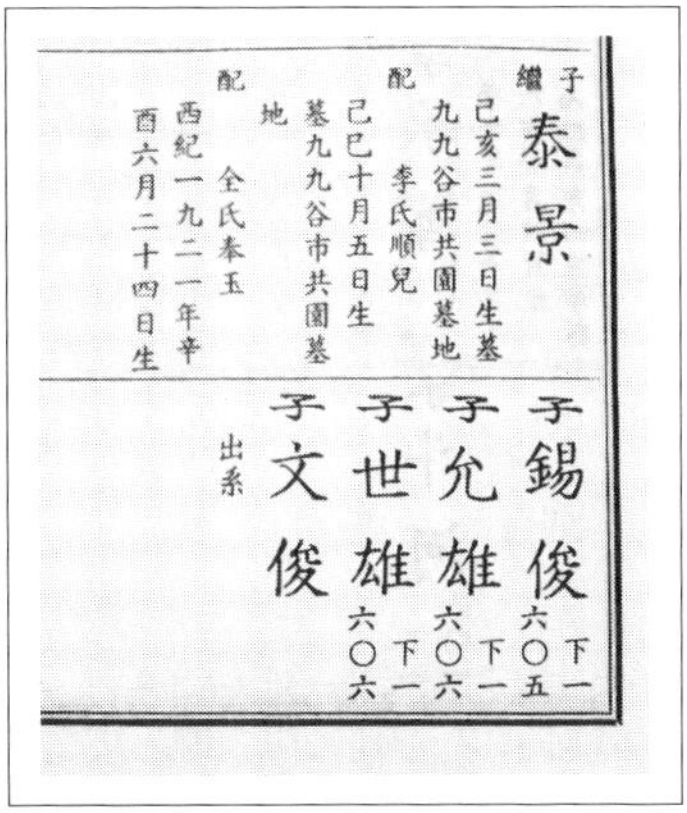

子 繼 泰景
己亥三月三日生墓
九九谷市共園墓地
配 李氏順兒
己巳十月五日生
墓九九谷市共園墓
地
配 全氏奉玉
西紀一九二一年辛
酉六月二十四日生

子 錫俊 六〇五 下一
子 允雄 六〇六 下一
子 世雄 六〇六
子 文俊 出系

金泰景さん一族の『族譜』

年に深さ五〇メートル、二四〇坪もある大きな池が完成し、一九六〇年に水道ができるまで集落二三〇〇人の飲料水となっていた。『納邑郷土誌』には、金重善さんが設計し、金龍壽さんが土地を提供し、金泰景さんが二五〇円を喜捨したと記されている。

昼食をはさんで金淳賢さんの家に伺った。一人住まいで、広い家も庭もきれいに整頓され、居間には一族の記念写真が壁いっぱいに飾ってあった。三五代の成均館副館長という辞令が額に入れて掛かっていた。帽子を脱がれると、年より若々しく見えた。

一方、現在郭支里のほうには一族は誰も住んでいない。金泰景さんを知る人はいないが、碑石があり、出身地であることを証している。三年前に、村上さんから以下のような詳細な報告を受けていた。金昌厚先生と村上さんが二回目の調査に行ったとき、老人堂にいた解放後に日本から帰国した二人から、「金泰景は知らないけれど、その名前を書いた碑石があるよ」と教えてもらった。行ってみると、そのとき建て替え中だった郭支里事務所の敷地に碑石「金泰景 記念」があった。また、別の人から「その人

金淳賢さん

銘板の日本語説明　岳楽深泉は、涯月邑納邑の共同井戸（セモツ）と共に、飲料水にしていた村の共同井戸で、「サジャンモッ」とも呼ばれている。この井戸は丸い形になっており、3段の外壁と石垣の造形が、芸術的にも優れている。1917年に工事にとりかかり、1940年に完成した。この井戸は飲料水の確保のために、村の住民が自主的に建設した建造物で強度遺産として高い価値を有する。

は納邑の人だとか聞いたことがある。納邑に行って聞いてみるといいよ」と言われ、これがきっかけとなって金淳賢さんに会うことができたという。

泰景さんの三男の世雄さんが待ち合わせの郭支里事務所に予定より早く到着するというので、私たちは郭支里に急いだ。里事務所横には、里出身の在日の人たちがお金を出して里の電化に尽力したというような記念の碑石が一〇基ほども並び、その一番右に泰景さんの碑石があった。碑石表には「金泰景　記念」と彫られ、裏面には「捐金千圓　吾郷一舍　有義有恩　百世斯人」、左側面には「昭和十七年三月　日」右側面には「郷員一同　区長　林鎮禧」とある。金昌厚先生によれば、当時の千円といえば、里事務所庁舎を建ててても余るくらいの金額だという。済州島の出身の在日の人たちは、貧しい故郷のためにお金を出すことを厭わなかったとの説明を受けた。

碑石の撮影などをしていると、間もなく、世雄さんが駆けつけてきた。どこか錫俊さんに似ているが、温厚な印象の方だ。時間が遅くならないうちにとのことで、すぐに通訳の朴さんと撮影の濱谷さんと私が世雄さんの車に乗って墓地に出発した。

家族の物語

車を発進して、待ちかねたように世雄さんは話し始めた。一九四九年生まれなので、物語は家族の間で語り継がれているものであろう。

泰景さんは、解放後日本からたくさんのお金（もともとの蓄財に加えて、孫秀栄さんによれば帰国時に佐藤組から一五万円を返済してもらったという）を持ち帰り、済州島一の金持ちになった。そのお金でたくさんの土地を買い、三徒里《サムドリ》に瓦葺きの大きな家を建て、家財なども特別のものを買い揃えて悠々と生活していた。その敷地は、庭に牛にひかせて穀物を粉にする臼があるほど大きかった。

台湾で養子にした息子がいて、航空学校を卒業して韓国軍のパイロットになっていた。その息子と建設会社を作り、すでにあった済州島空港の滑走路を整備し、空港ターミナルや軍の事務所、宿舎などを造った。

一九四八年三月、春子さんは済州島でも有名な一族の息子、朴昌宰と結婚した。その結婚披露宴は泰景さんの家で開かれ、一週間も続いた。その間、済州島にいる貧しい人たちを招き、毎日食事をふるまった。その後春子さんは二人の息子をもうけたが、高額の頼母子講で不正が起き、その責任を取って離婚し、日本に行った。

春子さんの妹、次女の寿子（スジャ）さんは、ソウルにある女学校に進学、ソウルの自由な雰囲気の中で新しい思想を学んだ。一九四八年一二月、冬休みに済州島に戻ったとき、水瓶を背負って水汲みに行くふりをして左派の政治家のチラシを配っているところを警察に捕まった。その翌日泰景さんは軍に逮捕され、軍法会議にかけられて、一二月二六日には刑が決まった。ろくな取り調べもなく、罪状は内乱罪、刑期一年で翌年一月一二日から木浦の刑務所に入れられた。模範囚で刑期を短縮されて四九年一一月末に出所したときには、拷問で左膝を斧で傷つけられてまともに歩けず、体も傷だらけで、生きて帰ったのが不思議なくらいだった。ようやく生きているような状態だったが、収監された人の三人に二人は死んでいたのに、よく生きていたものだ。しかし、すっかり生きる気力を失っていた。何の楽しみもなく、博打で全財産を、それこそ一晩で失ってしまった。寿子さんのほうは、逮捕以来消息を絶ったままだった。

それだけのお金があれば、警察にでも軍にでも手をまわしてもみ消すことができたのではないかと思われるが、四・三事件後の済州島ではそうはできなかったのだろう。かつて春子さんが話したように、四・三事件の嵐の中でたくさんの命が奪われ、刑務所にいたので命拾いをしたというのは半分本当のようだ。それにしても、日本で一年半、また韓国で一年も、囚われの身になるとはなんということだ！そして、出所後の零落。世雄さんは生まれてまだ半年、極貧の中で人生を始めるしかなかった。余りに生活が苦しくて学校も中学でやめようと思ったが、兄の錫俊さんに説得されて、働きながら夜間高校を卒業した。錫俊さんはそのころ済州市の市役所に勤めていたが、病気だったという。

泰景さんは世雄さんが高校三年生の一九六六年一〇月一七日に亡くなった。高校生の自分の稼ぎはあまりに少なくて、お母さんにお給金を全部渡しても、お父さんの大好きだった豚の油の多い部位（三枚肉？）を食べさせてあげることができなかった。このことが今になってもとても心残りだと、そのことを話すたびに涙を流した。

ひどく寒い時期、お父さんが病気で臥せっているときのこと。台湾で養子にし、家族ともども韓国に連れてきた息子は軍隊でドンドン偉くなって肩に二つの星を付けていた。のちに大韓航空の社長になり、タイの大使までに出世した。その息子が泰景さんを見舞いに来て、お父さんがあまりに惨めな状態だったので、泣き伏して、自分のコートをお父さんに掛けた。（なぜ連れて帰るとか、病院に入れるとかもせず、お金も渡すことをしなかったのか？）錫俊兄さんは市役所で課長だったが暮らしぶりが貧しかったので、大韓航空に入ることになっ

里事務所横の碑石
一番奥が「金泰景　記念」

た。こうした話を墓地に向かう世雄さんの車の中で聞いた。

墓前にて

この日、済州島には暴風警報が出ていた。航空機も全面運休し、一日中台風の中にいるようだった。墓は市営墓地のはずれの、立っているのが難しいほどの急傾斜地にあり、足元が不安定で何度も吹き飛ばされそうになりながら、お墓の前に座った。

墓石表面には「巨人金公泰景　孺人完山李氏　之墓」、右側面には「1992年清明節 不肖子　錫俊　謹堅」とあり、裏面には四男五女がいること、男性の子と孫と曽孫の名前が記されていた。「今は木が育って見えなくなりましたが、以前は済州市内がよく見えたのでこの場所に決めました。錫俊兄さんの墓は奥さんが亡くなってからソウルの陸軍墓地に移し、今は子どもが祭祀《チェサ》を行い、お父さんの墓の世話は私がしています。春から秋までは草を刈るために月に一度は来ています」と。芽吹いたばかりの雑草のそこここに小さなスミレが群れ咲いていた。

「お父さんとお母さんにお酒を差し上げます」と二つの小さいコップに眞露を注ぎ、果物やお菓子を供えた。暴風の中、供え物が載せたお皿もろとも飛ばされそうに

墓前で父の思い出を語る世雄さん
提供：安海龍

なるので石や水筒で供え物とシートを抑えながらのお参りだった。世雄さんは、泰景さんに語り掛けた。

「お父さん、お母さん、日本からお父さんのことを聞きたいと言って来られましたよ。お父さんのことを話しました。無事に日本に帰ることができるようによう見守ってください」

世雄さんはそのあと、また、お父さんのことを述懐された。

日本で土方をしていて、済州に戻ってから空港に建物を造った話は聞いていた。それでも、生きているときは何にも話してくれなかった。それどころか、父親として何もしてくれず、責任感もなく、生活力のない無能な人だと思っていた。亡くなってから来し方をたどってみた。納邑里に池を造ったり、弟に家を買ってあげたり、郭支里にある碑石などを見て、自分が知っているだけの人ではないことはわかった。でも、なぜ話してくれなかったのか。厳しい人で、思うようにならないとたたかれることもあり、嫌いだった。それでも、知らなかったことを思うと心苦しい。

お父さんが亡くなったのは、あるとき二日間姿が見えなくなった。探していると、薬を飲んだらしく森の中で倒れていた。家に連れて帰ったが食道などが細くなったのか、ものが食べられなくなった。お母さんが粟をすっておかゆにして食べさせていたがそれも消化できなかった。それでもその後三年間生きた。四男五女も子どもがいたのに最後は自分しかそばにいなかった。今ならお父さんの好きなものがいくらでも買えるのに、そのころは麦ご飯しかなくて、大好きな豚肉を買ってあげることもできなかった。

そのころ、錫俊兄さんは五年間も病気だった。原因がわからなくて占ってもらうと、寿子姉さんの霊が悪さをしていると言われた。お母さんが霊媒師を通して聞いたら、「さびしい」と言った。それで何をしてほしいか聞くと、「もういい」と言った。錫俊兄さんはそれからよくなった。

家族のことを話しながら世雄さんは何度も涙ぐまれた。

世雄さんは翌日からセブ島に家族二〇人で旅行に行く予定だった。ふつうは家長がすべての費用を出すが、お母さんの七〇歳のお祝いにと三人の子どもがプレゼントしてくれたのだと話された。また、兄弟の中では自分だけが大学に行けなかった。仕事は生コン車の運転手だが、済州島に戻り余生を過ごす元社長や元大学教授の同級生たちと登山するときは自分はリーダーだ、と屈託がない。その表情はやわらかで、自分の生き方を受容し、人生を楽しんでおられるようだった。やがて、『底方の声』の翻訳が出版されて富山でのお父さんのことがわかれば、親子の確執が和らぎ、お父さんを尊敬されるようになるに違いない。また、遠くない日に富山に来て、黒部の谷を歩き、日本での父親の姿を見てほしいものだ。

済州四・三平和公園にて

三日目、済州四・三平和公園を訪れた。パンフレットには「済州四・三平和公園は四・三事件によって起きた民間人殺害と、当時の済州道民の壮絶な営みを記憶し、犠牲者を追悼し、和解と共生の未来を切り開くための平和・人権公園である」と書かれる。事件では二万五千人から三万人が虐殺された。

金昌厚先生は、世雄さんから慰霊祭壇に泰景さんと寿子さんの位牌が奉安され、また、寿子さんの行方不明者標石があることを聞いていたが、どこにあるかわからない。位牌奉安室には約一万四千人もの位牌がある。村の名前、三徒を手掛かりに探していると、二〇一九年三月二六日以降に追加された一画にあった。掌を合わせてから外に出て、行方不明者標石のほうへ行った。同じ大きさの墓石が四〇〇〇余基も並び、一つ一つが行方不明になった人を表していると思うとなんとも心が苦しい。寿子さんの墓標は、新しく認められた犠牲者の区画にあった。金昌厚先生が一つの話をされた。とある娘さんは、お母さんが時々夜中にいなくなるので変だと思っていた。やがてお母さんは悲しくてさびしくてどうしようもないとき、タクシーでここにきて墓標の前で気が済むまで泣いてから帰ったことがわかった。タクシーの運転手が頼まれもしないのにお母さんが帰るまで待っていて、市内まで乗せて帰ったからだった。それまでは苦しくても寄る辺なかったが、墓標ができたおかげで、行方不明になった人と気持ちを分かち合う場ができたという。錫俊さんが原因不明の病気になった話では、寿子さんの霊がさびしいと言ったそうだが、寿子さんにもようやく安らかに眠る場所ができたのかもしれない。

なお、世雄さんによると、二〇二一年に「済州四・三事件真相究明及び被害者の名誉回復に関する特別法施行令」ができて補償も行われている。すでに泰景さんの九千万ウオンは支払われており、兄弟で平等に分けた。寿子さんの補償はこれからだという。それが出たらみんなにお金を出してもらって記念になる碑のようなものを立てたいと思っているが、お金はいったん分けてしまうとみんなが碑のためのお金を出してくれるかわからない。申請など面倒なことはみんな自分がやっているのに…などとちょっと愚痴られたので、どこでも同じですよと誰かが言った。

慰霊祭壇　位牌安置室に並ぶ１万４千人の位牌

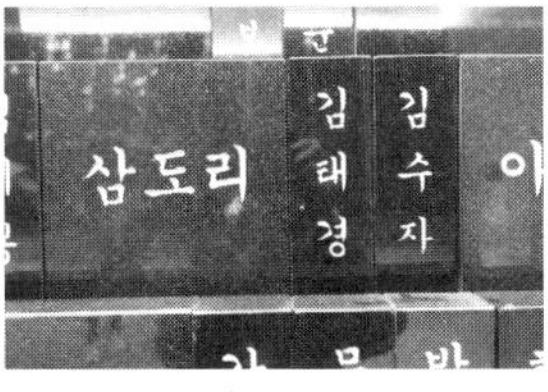

三徒里　金泰景　金寿子

日本から済州島へと金泰景さんの跡を追ってきた。戦後八〇年になろうとしている。村上さんが金昌厚先生に調査を依頼し、二人が最初に出会ったのが泰景さんを知る唯一の人、一族の金淳賢さんだったことは奇跡に近い。そこから三男の世雄さんに連絡が行き、泰景さんと家族の物語を聞くことができた。家や事業が継続していれば残っていたはずのものは何もなく、泰景さんの二枚の写真だけだった。それでも、四・三事件被害者補償のための書類や戸籍謄本をもらったことで、軍事裁判や木浦刑務所での刑期、身体状態などが詳細にわかった。また謄本には子どもの出生年と出生地があり、泰景さんの工事場所や労働運動との関連が推測できた。

格納庫に置かれた飛行機を模したアート作品には数えきれない数の平和を願うリボンが結ばれていた

この後、アルトゥル飛行場に行った。金泰景さんとは直接の関係はないが、ここは旧日本軍の戦争遺跡であり、強制動員の痕跡を示す象徴的な現場だ。日本軍は一九三三年に中国侵略の前進基地にするために土地を取り上げ、村人を強制動員して飛行場を建設、滑走路のために土地を均し、飛行機を隠すための掩体壕《えんたいごう》＝格納庫を造った。飛行場は、日中戦争が勃発した一九三七年からは南京と上海に対する爆撃の発進基地となった。また、日本の敗戦直前には、米軍が朝鮮半島から入ってくるのを死守する島として整備された。沖縄と同じように、各地から兵士六万五千人以上が集められ、連合軍との戦闘の準備をした。近くの松岳山の海岸には強制労働で海軍の特攻基地と坑道陣地が地下に作られ、飛行場防衛のために高射砲陣地も設置された。しかし、米軍上陸前に日本が降伏したので、記念のためにか、設備の一部はそのまま残されている。

現在、飛行場と四・三事件の虐殺地などは、「ダークツーリズム」と銘打って観光資源として活用されている。私たちが訪れた時も、何台ものバスが停まり、観光客が説明を聞いていた。歴史を顧みて同じ過ちを繰り返さないために、ここは日本人こそ訪れるべき「観光地」といえる。

金昌厚先生　済州四・三平和公園において

最後になったが、金昌厚先生なくしては今回の訪問調査はあり得なかった。三年前と今回、時間を惜しまず事前調査を行い、案内していただいた。「これまで多くの研究者を案内したが、地元の人が調査に来るのは初めてで、放送局もいっしょで驚いた。金泰景さんのようなケースは考えたこともなく、興味深い。気になることがたくさんあり、研究をしたい」と話された。また、経歴を尋ねると、教員時代に組合の活動を始め、それ以来民主化運動を行ってきたが、済州島では四・三事件に関わらないわけにはいかない。アカと呼ばれて虐殺された三万人の人たちの名誉回復を行うために研究所を立ち上げ、事実を調べて解明してきた。特別法を制定して慰霊や補償などを実現、市民団体がリードしてここまで来た。四・三事件は、解放後親日派とアメリカが結託して起こしたが、それ以前の日本の植民地支配の影響がある。しかし、安倍政権など日本はこれを無視していると藤永壮教授（大阪産業大学）の言説を引いて批判された。

済州島調査で考えたこと

済州島にまで金泰景さんを訪ねる意味は何だったのか、自問してみた。

まずは、「黒三」建設時の朝鮮人飯場頭の子どもたちから、自分たちの足跡を残してほしいと託された思いがあった。三〇年間放置していたが、私しか知らない事実を書き残さなければならないと取り組んだ。物語を終えるには、解放後の金泰景氏を書かなければならない。日本での仕事や労働運動の経験が帰国後の建設業再開や四・三事件でどのように生かされたのかも知りたかった。想像したこととはまったく違ったが、済州島出身ということが金泰景さんを特徴づけていることがわかった。

簡単に金泰景さんの生涯をたどってみたい。日本に来て、何かのきっかけで佐藤組飯場に入り、ダイナマイトの取り扱いに習熟し、飛越県境周辺の隧道工事に数年携わった。若い技術者を小頭として育て、自分が獄中にある間も隧道工事は続けられた。自身がよい親方に恵まれ、配下の者にも恵まれていた。周辺には同郷人はあまりいなかったようだが、一人だけ、金田組の庶務をしていた郭支里の朴雲ハンという人がいた。労働運動でも金泰文や朴広海、朴学守などの優秀な仲間や先輩がいた。ダイナマイトは事故が多いだけに、佐藤組と交渉することもよくあった。その結果交渉相手の佐藤組にも信頼され、高熱隧道を引き受ける胆力もあり、やがて小組の社長となり、積極的に人生を切り拓いた。その間、生まれ故郷に飲み水を貯める池の建設資金、育った村の里事務所に千円もの建設資金を出している。碑はないが、他にも数々の寄付をしていると思われる。

済州島出身者の特徴について、藤永壮教授は、「大阪地域における済州出身者　社会運動団体の活動について」（『民族問題研究所学術会議資料』二〇二三）で次のことをあげている。済州島出身者はよく働いたので渡航制限の対象とならず、成功者も多い。一方、過酷な労働条件の改善や民族解放運動等社会運動に身を投じる者も数多くいた。渡航船の自主運行組合を作るなど自立心、団結心が強く、他人のためにもよく働いた。なんと、金泰景さんの特徴そのままではないか。

戦後済州島に戻り、島一番の大金持ちになりながら、朝鮮が二つの国に分断される混乱の中で、金泰景さんは再び獄につながれた。一年後に出所したが、あまりに大きな政治状況の変化を受け止めることができず、娘を失い、自身の尊厳を傷つけられて、生きる気力を失ったのではないか。いやいや、そうではなく、全身全霊を傾けて人生に向き合い、周囲の人たちの協力を得て様々な事業を成し遂げてきた人物ではあったが、暴力が支配する時代にあって、どう生きるのか考えあぐねていたのかもしれない。世雄さんには日本での仕事の話をまったくしなかったというが、虚無感にさいなまれ、積み上げた業績も築き上げた財産も煩わしく、誇りもお金も、遠い黒部の谷底に投げ捨ててしまったのだろうか。

灼熱地獄に「高熱隧道」を掘った男は、国に帰って地獄に落とされた。四・三事件を挟んでその生き様はまったく対照的に見えるが、実は戦争や四・三事件といった非日常がもたらした社会の両面だったのではないか。日本での成功も済州島での没落も、国の政策や社会状況によってもたらされたものだ。日本の敗戦によって、朝鮮半島には北からソ連軍、南から連合国軍（アメリカ軍）が侵攻した。南朝鮮では米軍による支配と政府内部の政治的混乱があり、南北が分断されたまま二つの国が独立したが、済州四・三事件は、分離独立に反対して起きたものだった。その後の済州島では暴力とイデオロギー抗争が嵐のごとく

『黒部をひらく』で、削岩機を持つ労働者だが、著者は金泰景さんではないかと思っている

吹き荒れ、政府は混乱の収集を図るために、女性や子ども、老人などを含めて無差別に三万人の島民を殺した。金泰景さんはそうしたなかでかろうじて命を保つことができた。かつて峡谷の工事場では配下の労働者がたくさん犠牲になったが、島では立場を替えて自分が犠牲になった。泰景さんは、誰にも避けえない危険な状況に陥ることはあるのだと思ったであろうか。だからこそ、国家が守るべきは国民の命なのだが、逆に権力者が大義と偽り、国民・市民の命を犠牲にしてはばからない現実がある。しかし、こうした不条理は許してはいけないのだ。

　韓国の人たちは数十年かけて、軍事政権のむき出しの暴力と闘い、粘り強い民主化闘争で市民の権利を奪還した。その動きと連動して済州島では四・三事件の真相を究明し、金泰景さんなど被害者の名誉の回復と補償を勝ち取った。今、この瞬間も世界各地で強いられた戦争や内戦によって多くの命が奪われているが、平和（日々の安心・安全な暮らし）と尊厳の回復のために済州四・三事件の経験から学ぶことは多いと思われる。私も、金泰景さんに導かれて済州島を訪れて、人は自分の命と尊厳を守り、民主主義の社会を実現するために不断の努力をしなければならないのだと教えられた。

金泰景年譜

年代	家　　族	年代	仕事／労働運動
1899	納邑里生まれ、郭支里に養子		
	日本へ	1924	蟹寺で相愛会富山支部結成
	隧道工事技術者	1925	北陸朝鮮労働組合結成
	結婚	1927	富山白衣労働組合友愛会結成
1928	春子、船津生まれ	1928	船津（神岡）で大量逮捕
1931	錫俊、蟹寺生まれ	1931	全協系富山土建労組結成
1933	寿子、坂上村生まれ	1934	富山内鮮労働親愛会結成
		1935	親愛会宇奈月支部結成
		1936	9月　18名とともに検挙
		1938	3月　出所
			4月　高熱隧道引き受ける
1940	允雄　宇奈月生まれ	1940	台湾　天冷発電所工事
1940	正子、朝鮮生まれ		
1943	静子、台湾生まれ(母は日本人)		
1943	春善　朝鮮生まれ		
1945	福善　朝鮮生まれ		
		1948	12月　軍に逮捕
1949	世雄　朝鮮生まれ	1949	11月　出所
1951	文俊　朝鮮生まれ		
1967	泰景　永眠		

第三章　遺族たちの「黒三」

父の墓は黒部の谷

1　朝鮮人の足跡を残したい

孫秀栄さんのこと

一九八六年七月三一日の地方紙「北日本新聞」読者コーナーに、魚津市の飛世良巳さんという人の「まさに、友遠方より来る」という投稿が載った。孫秀栄（ソン・スヨン）さんという友人が四一年の時空を越えて韓国から旧制魚津中学の同期会に参加したという。なんと、飛世さんは父の生家のすぐそばに住み、筆者の小学校の同級生のお兄さんでもあった。訪ねて行き、孫秀栄さんの住所を聞いて手紙を書いた。宇奈月に住んでおられたなら、志合谷雪崩事故のことや飯場の様子、食事のことなど、ご自分の体験とあわせて教えてほしい、と。年末になって返事が届いた。まさか、その人の父親が電源開発の関係者であるとは思いもしなかったが、当時のことをいろいろ知っているから、それを伝えたいと書いてあった。何回かに分けて自分のことを書くからと、最初の手紙には小学校までの自分の来歴と写真とともに家族が紹介されていた。

孫秀栄さんは、一九二八年前後に釜山近郊で生まれた。父が結婚のために一時帰国し、その二年後に満一歳で母親の背に負われて日本に来た。小学校入学以前は七尾の寒村に住み、隣人にも恵まれて幸せに暮らしていた。しかし、ダイナマイトの爆発で父が二年近く入院生活を余儀なくされ、片目を失い義眼となった。母親が妹を背負って吹雪の山道をたどり病院に通っていたが、妹は肺炎になって他界した。

その後魚津市に移動、加積小学校に入学した。父親が黒部峡谷で下請け仕事をするようになって五年生で宇奈月に移り住み、内山小学校に転入した。父親は工事現場にいて年に数回帰るのみだった。一九四一年三月に小学校（国民学校）を卒業、難関を突破して「夢であり、憧れ」の旧制魚津中学に入学した。中学に行くのは大きな農家、医者、お寺、旅館、電力会社社員の子どもだけという時代だった。当時孫さんの父親は朝鮮人飯場相手の商売をしていた。中学校には朝鮮人はいなかった。

小学校、中学校の先生にはいい人もいればそうではない人もいた。自分は日ごろからまじめによく勉強する模範生だったので小学校で盗みの濡れ衣を着せられた時にも信用してもらえた。中学入学にも力になってもらった上島先生のことは一生忘れないと書いてあった。

一九四三年に学徒労務動員が始まった。日本カーバイド魚津工場と旭重工業の二つの班に分かれ、自分は日本カーバイドの電炉部に配属された。きつい仕事だったが週にわずかにあった授業は楽しかった。工場には朝鮮から徴用で狩り出され、重労働に従事する若い人が大勢いた。（注）それまでは「鮮人」などと呼ばれていたが、総動員体制になって日本人は「内地人」、朝鮮人は「半島人」と識別されて、「内鮮一体」になって朝鮮人も戦争に協力するようになった。自分は制服の胸に孫と記していたのですぐに朝鮮人と判ったようだ。お腹が空いた若い人たちの姿はみじめで、家から豆を持ってきて分けると、自分たち学生も苦労しているからと昼食時にトロッコを押してもらったりして小さな交流があった。「人情は無言のなかでも通ずるとは、このことをいうのでしょう」と孫さんは書いている。日本で育った孫さんは、このころは朝鮮語を理解することはできても話せなかったのではないだろうか。

やがて旭重工業に移った。中学の三浦先生の配慮だったのか、仕事が比較的容易な部署に配属された。

八月一五日に終戦になったが、動員はそのまま続いた。後始末に従事してようやく八月末に解放された。九月初めに東京に行ってみたが、全市街が消失しており進学の環境にはなかった。九月二〇日前後に学校より「実務科修了証」という訳のわからないものをもらった。一九四五年度は、五年生と四年生が同時に卒業した年で、五年生だった孫さんは不本意ながら明治大学に入ることになっていたが、一一月に帰国した。帰国は九州博多を経由し、釜山行きの一二〇〇トン級の貨物船に乗った。博多は韓国に帰る人たちと復員の兵士でごった返していた。

中学では英語担当の三浦先生に英語をしっかりやっておくようにと励まされてがんばったおかげで、帰国してのちに仕事で役立ったと、書かれていた。

帰国後のことは、走り書きしてある。辛くて苦しい幾山河／昼は働き、夜は勉学／成人教育者養成所終了後、暫くの間だけ学校に勤めて…／官吏の一人として…、又、六・二五韓国動乱の渦巻き／会社に勤め、主に外国人相手の生存、連続など、意味不明のメモ書き。

加えて、手紙には戦争中の日本軍部の動きや教育、勤労動員、東京空襲、沖縄の惨劇なども縷々記されていた。帰国後米軍将校などから聞いたとのことで、内容そのものは史実と隔たりがある。沖縄については、「その惨めさに身を震わせたことは永遠に忘れないでしょう」と書かれている。戦争中は大本営発表のような情報しかなく、本当のことは知らされなかったのだから、孫さんは帰国後に自分で調べたのだろうか。頭脳明晰に加えて努力家でもあり、会った当時も毎日日本の新聞を読んでいるとのことで、直近の細々したことまでよく知っておられた。日本と韓国両方の社会常識や慣習にも精通し、世知にも長け、人情家で世話好きでもあり、この孫さんのおかげで韓国について学び、一九九二年三月に韓国に取材に行くことができた。

一九九一年八月になって孫さんから手紙が届いた。九月二九日に旧制魚津中学の同期会に出るのに日本に来る準備をしている。他にも国籍の違う姉弟の初対面の世話（北日本新聞掲載）をするのが目的だと書いてあった。また、長い間苦労を掛けてきた妻も同伴で、帰国後の「北日本新聞」読者コーナー（一九九一年一一月一四日）の投稿には、「生きているうちに夫婦同伴で両親と過ごした土地を訪ねてみたいと思い続け、ようやく実現できた」と書かれていた。旧友との交友を深めた喜び、次は子どもを連れて来たい、そして「韓国と日本が正しい道をたどることに尽力したい」と。

来日最初の日は、我が家の居間で半日ほど話を聞き、夕食をともにした。そして翌日、宇奈月の旅館に迎えに行き、いっしょに入善の知人宅を訪問した。ここで昼食をごちそうになった。庭に植えてある唐辛子の葉を刻んで入れた豆腐のみそ汁を、スッカラ（韓国のスプーン）を使ってみんなで飲んだ。初めてで躊躇していると、こうして一つ鍋のものを食べて親しくなるんだといわれ、そういうものかと食べてみた。他の記憶は飛んでいるのだが、みそ汁のことだけはそのシーンさえ語ることができる。

もう一つよく覚えているのは、「実は金泰景さんの娘、中本春子さんの妹さんと結婚することになっていたのだが、六・二五（朝鮮戦争）で行方不明になった」という話。（済州島調査で朝鮮戦争ではないことがわかった）これで孫さんが金泰景さんの家族や事業についてよく知っている理由がわかった。

いっしょに時間を過ごし、四方山話をして気心が知れたので、次の手紙に図々しくも、黒部で働いていた関係者に話を聞きに韓国に行きたいが、世話をしてもらえないかと書いた。直ぐに承諾の手紙が来た。

朝鮮語ができるわけでもないし、韓国の地理や戦後補償問題に詳しい知人がいるわけでもなかった。金鍾旭さんの家族や下賜金（御内帑金）の領収書から連絡がついた遺族、黒部で働いていた孫さんの知人などとの面会の交渉をはじめ、スケジュールからホテル、車の手配まですべてお願いすることになった。そして、三月九日から一五日まで一週間のスケジュールを作ってもらい、ソウル市近郊を移動し、慶尚南道まで往復した。加えて、北日本放送（ＫＮＢ）のテレビの同行取材があったので、全員まとめて面倒を見てもらった。ちょうどアシアナ航空が富山空港に乗り入れることになっていて、その取材のために記者とカメラマンをソウルに派遣する予定が組まれていたので、同行取材の誘いがあったと記憶する（孫さんには南大門近くにあるアシアナ航空の本社に同行して、取り次ぎの労を取ってもらった）。こうして一九九二年三月に韓国取材が実現したが、孫さんなくしてはできなかったし、当時は研究者や報道関係者でもなければ韓国まで取材に行くことは珍しかったようだ。

孫さんは、もう一度一九九三年一〇月に友人の安章煥さんといっしょに来て、今度は「民泊」がしたいと我が家に泊まられた。韓国での取材の思い出話に花が咲いた。翌日はあいにくの雨で立山へ行く予定を断念し、呉羽山の五百羅漢などに案内して、立山連峰の景色を楽しんだ。

呉羽山五百羅漢の孫秀栄さん（左）

その後、私は韓国で二度孫さんに会った。一九九五年五月には夫と子どもといっしょに訪れ、ソウル市内を案内してもらい、慶州を旅行して新羅の古き良き時代の寺院や古墳群をめぐり、夜は宮廷料理に舌鼓を打った。その時いっしょに行った小学生の息子は、孫さんにいろいろな話を聞かせてもらい、箸の持ち方を直されたりしたので、いまでも孫さんの思い出や韓国の文化について話す。三度目は一九九八年だった。短い時間だったが明洞のロッテホテルの喫茶店で会った。「韓国では漢字が使われなくなっているが、表意文字はひとめ見ただけで文意が伝わるし、中国から伝わった自分たちの文化なのに、ハングルだけになって漢字が消えるのは惜しい。それで、孫の高校で漢字を教えている」といった俯瞰した話と、「孫を日本に留学させたい」「娘には日本に行って介護福祉を学んでほしい」などと、家族のことを話された。次は日本で会いましょうと約束して別れたが、それからもう会うことはなかった。当時孫さんは六〇歳後半ではなかったか。

その後も折々に電話で話をしたが、そのうち私は住所録を紛失していまい、連絡が取れなくなった。幸い、二〇一四年に訪韓する直前に住所録を探し当て、現地で知人に電話を掛けてもらった。電話に出たのは、一九九二年に孫さん宅を訪問したときに背負われていた孫の妻だった。「おじいさんは数年前に亡くなったが、日本に行っていたと聞いている」とのこと。次回は事前に電話して、孫さんの娘さんや息子さんたちに会いたいものだ。

こうして孫秀栄さんとの交流を長々書いたのは、孫さんに直接感謝を伝えることができなかったので、せめてものお礼の気持ちからである。

（注）日本カーバイド魚津工場は合成ゴム部門が軍の共同管理工場になり、約七〇〇名の徴用工がいた。

2　父の墓は黒部の谷

金鍾旭さん

志合谷ホウ雪崩事故から四七年後の一九八五年一〇月、元佐藤組配下喜田組金井飯場頭・金命石さんの長男・金鍾旭さんは父親の「墓参」に志合谷を訪れた。一〇月一日に富山高校創立一〇〇周年記念式典があり、「同窓会報で式典開催を知り、矢も楯もたまらず日本にやってきました」と翌日の富山新聞に書かれている。金さんは、雪崩事故で両親と末の弟（永旭）の三人を亡くしたが、周囲の支援で、旧制富山中学を卒業した。その後機械工場で働き、戦後四六年三月に故郷に帰り、弟妹五人と自分の子ども六人を育て上げ、ようやく父親に会いに黒部峡谷志合谷に来ることができた。母親、朴景述さんの遺体はその夏に見つけて遺骨を持ち帰ったが、父と弟は行方不明のままで、黒部峡谷が父のお墓だと思っているという。それが、谷に向かって額ずく金鍾旭さんの姿である。（一章四一頁）

同じ日、北海道大学低温科学研究所の清水弘《ひろむ》教授は、久しぶりにかつてホウ雪崩研究で頻繁に訪れた志合谷に寄った。のちに知人から金鍾旭さんと数時間の差ですれ違ったことを知らされ、金さんとの因縁を感じて手紙を書き、三〇通ほどもやりとりをした。その後、清水さんに紹介してもらい、金さんが亡くなられるまでの短い期間だったが、私も金さんと文通し、いろいろなことを教えてもらうことになった。

金さんの手紙は、自分と家族の紹介から始まる。

三歳の時に両親とともに来日、小学校二年生まで大阪から岐阜県の工事場を「渡り歩いた」。上の弟は鍾阪、下の弟は鍾阜と生まれた土地にちなんで名づけられた。三年生のときに富山市堀川で祖母と男兄弟三人女姉妹三人で住むようになり、志合谷雪崩事故で一夜のうちに孤児になった。持ち家だったので住まいには困らなかったが、翌年祖母も亡くなり、六人で「ママゴトのような生活」をすることになった。自分は仕事、妹（富子）は炊事、上の弟、鐘阪は新聞配達、下の妹、明子は花売り、下の弟（鍾阜）と妹（君子）はあまりに幼かった。工場に就職したものの組長になるまでは大変な苦労だった。著者はのちに富子さんと君子さんに会ったが、富子さんは、明子さんと花を売り歩いた思い出や、君子さんの手を引いて毎日夕方お米を買いに行き、お金が払えないときもあったが、お米を余分に入れてもらうこともあって…と、問わず語りに語られた。

（15）　昭和61年(1986年)8月25日　月曜日

犠牲者の大半は韓国人

志合谷泡雪崩事故　遺族からの手紙

ほくりく（関西電力北陸支社社内報）七月号は黒三建設の志合谷泡雪崩事故で両親と弟を亡くした韓国人の金鍾旭さんの手紙を紹介している。北海道大学の泡雪崩研究会、清水弘先生にあてたもの。

事故は日中戦争が激化する昭和十三年十二月二十七日午前三時半に起き、四階作業員宿舎が一階を残して消え去った。後に六百メートル先の奥鐘釣山の絶壁の下に宿舎の一部と七十九遺体が一カ所に固まって発見された。泡雪崩の旋風に数十メートル巻き上げられ、山を一つ越えて激突したらしい。

＜私の父、金命石（当時三十七歳）は佐藤組、喜田組下の飯場頭としてトンネル工事に従事していました、（お母さんと末の弟も一緒にいました）私はその時弟や妹達（六人兄弟）と一緒に学校の関係で、富山市太郎丸におりましたので難をまぬがれた。私が富山中学三年生の時です＞

＜私の身内だけでも十二人の犠牲者を出しています。犠牲者のほとんどが韓国人だったと記憶します。私も検死に立ち合いましたが、その時は私の父も母も見当たりませんでした＞

＜翌年の夏志合谷の現場に行ってダイナマイトで発破をかけながら雪をこわして、お母さんの死体を発見しましたが、お父さんはついに発見できませんでした＞

＜お母さんの遺骨は私が終戦後帰国する時に持ち帰り故郷に安置しておりますが、私の心の中ではお父さんのお墓は黒部の奥山志合谷の谷底です。この手紙を書きながら私の心はちぎれるようで涙で字がよく見えないくらいです＞……

「北日本」1986年８月25日

仕事では、卒業後不二越に履歴書を出したが、軍需工場だから朝鮮人は困るという理由で不合格になり、「富山製作所」（舞鶴海軍工廠の分工場と金さんが書いているが、富山製作所という会社はない）に職工として入社した。昼は働き、夜は技術関係の勉強をして工業学校の学力検定試験に合格、ようやく一人前の待遇を受けることができた。「熱心な努力と研究心」の結果、四年後には工場長のすぐ下の組長になった。給料は九〇円に上がって、社長から五〇円の特配という「破格の待遇」を受けて、ようやく生活は楽になった。徴用令の出た後は現員徴用され、新型機雷を造った。その製品は他社製品より優秀だとして採用されたが、韓国人が造ったからと製品の再検査が行われていたことをのちに知った。一ヵ月に二〇日も残業したにもかかわらず、日本人のやっかみから誹謗中傷を受けたり、朝鮮人ということで監視下に置かれたり、枚挙にいとまないほどの差別を受けた。そうした記述に加えて、生活のため、また誇りのために一生懸命仕事をし、優秀な兵器を造ったが、それによって逆に戦争を長引かせ、朝鮮の独立を遅らせたのではないかとの悔悟の心情も書かれていた。戦後の後付けではあるが、当時も植民地出身の若者としての複雑な心境にあったのだろう。

一九四五年八月二日未明に富山空襲で焼け出された。しかし、その一週間ほど前に新潟県青海町へ疎開していたのできょうだい全員無事だった。翌年三月に明子さんと君子さんの二人を青海の親戚の養女として残して帰国したが、それからはまた韓国語がわからないので外国へ行ったのと同じ状態でたいへん苦労した。幸い、日本で培った鉄工技術によって韓国での生活を築くことができた。ようやく慣れたころに、また六・二五事変（朝鮮戦争）が起き、着の身着のまま釜山に避難し、再びどん底の生活に戻った。（この前後に日本に残した妹二人も韓国に渡ったようだ）妻とともに苦労して兄弟五人と自分の子ども六人を育てあげた。三回も大きな事件に翻弄されたが、その責任の一端は日本政府にあると、金さんは書いている。

金さんには、手紙であれこれ質問し、その一つひとつに率直に答えてもらった。日本人、朝鮮人お互いの感情はどうだったと思うかの質問に対して、日本人は朝鮮人に対して、「扱いにくい」とか、「うらみだとかにくしみなどの潜在意識があるようだ」と思っていたようだ。「チョウセンジン」といえば見下げた意味が強く、逆に朝鮮人は日本人を「ウェノム」という馬鹿にした言い方をしていた。「朝鮮人はニンニククさいとか、辛いものを食べるからクソ力があるなどと侮辱した言い方をしていた」と。手紙の中では、朝鮮と韓国、過去と現在の呼称が入り乱れていた。


一九八七年七月に最初の返事をもらい、四通目の十月二十一日付の手紙で文通は終った。最後の手紙には、関西電力が毎年お盆に志合谷の犠牲者を慰霊していることを知って感謝している。息子を連れてもう一度墓参に行きたい。清水先生や私、同期の旧友たちにも会いたいと書かれてあった。

その後二回手紙を出したが、返事がなかった。清水先生からも返信が来ないとの電話があり、どうされたのだろうと話をしていた。年末になって弟の鍾阜さんから「自分には両親の記憶はなく、また兄、鍾旭と同じく鉄工関連の仕事をしていて、何度か日本に行ったことがある」と書いた手紙が届いた。鍾旭さんが病気で入院して手紙を書けないので、自分が連絡役を引き受けると書いてあった。だが、その後出した手紙に返事はなかった。のちに鍾旭さんは一九八八年三月に亡くなったことを知った。

同時期、私は念願がかなって、工事用トロッコに乗せてもらい、志合谷で降りて金さんが谷に向かい額ずいていた場所に行くことができた。一九八七年一一月末のみぞれの降る日だった。谷の上方に見える濃い灰色をした細長い空を眺めてはため息をつき、まだ雪の積もっていない谷をのぞいて吸い込まれるような気がして後ずさりした。そして、仕事も辛かったに違いないが、谷間の凍り付く冷気の中で長い冬をうつうつと耐えることも大変だっただろうと佐藤組が建てた慰霊の地蔵堂の前で手を合わせた。

鍾旭さんの他界から三年過ぎて、一九九一年五月、妻の文甲斗（ムン・カプト）さんと息子の英男（ヨンナミ）さんは、清水さんと志合谷事故から生還した戸出喜久三さんといっしょに志合谷を訪れた。その折、清水さんの紹介で私は文甲斗さんと長男の金英男さんの二人に富山駅の喫茶店で会うことになった。大阪の妹に会いに行くとのことで、富山在住の妹さんもいっしょだった。三〇分ほどの短い時間しかなく、しかも文さんは疲れている様子だったので、あまり話もしないまま再会を約束して別れた。そのときの墓参の様子が富山テレビの番組「水の国の物語」になっているとのちに聞いたが、観る機会を失したままになっている。

一九九一年秋になって、桂書房（出版社）から「黒三」の朝鮮人労働者について書かないかという誘いがあり、先に書いたように三人で取り組むことにした。金英男さんから電話番号をもらっていたので、暮れにソウルを訪れる知人（当時北日本新聞社　竹内幸男記者）に金英男さんへの手紙を託した。韓国に留学中だった山下英愛（現文教大学教員）さんに通訳をお願いして電話を掛けてもらい、竹内さんは英男さんと会うことができた。鍾旭さんの故郷に黒部で働いていた人を訪ねて話を聞く手助けをしてほしい旨お願いして、引き受けてもらった。

孫さんと英男さんの両方に全面的にお世話になることを前提に、いってみれば、思いだけで突っ走るような韓国訪問計画がスタートした。

3　韓国への旅

旧植民地へ

一九九二年一月になって、英男さんに「三月末に韓国を訪問する予定にしているので、その折に黒部で働いていた人たちに会いたい」と手紙を書いた。今考えれば乱暴な話だったが、その時は必死だったのだろう。早くしなければ、すでに高齢化している証人が亡くなってしまう。金鍾旭さんのこともあったので、そんな焦りがあった。そして、「三月一三日が父の四回目の命日なので、一二日夜に祭祀《チェサ》をして、翌日慶尚南道居昌郡主尚面に墓参に行くので、それに合わせて来てほしい」との返事をもらった。

訪韓を三月中旬に変更したので、準備を急がなければならなかった。遅まきながら、秋から朝鮮語の学習を始めていたが、簡単な挨拶ができるだけでまったく使いものにならなかった。さらに、志合谷事故の下賜金の領収書に住所と名前がある遺族に問い合せの手紙を一六通出した。幸運にも、二月末に一通、金徳淵（キムトギョン）さんという方から返事が来たので、孫さんに連絡して訪問することに決めた。

一九九二年三月九日、大阪伊丹空港を飛び立ってソウルに向かった。一行は此川さん、通訳の富山大学院生の植田晃次さん、北日本放送記者の尾崎義文さんとカメラパーソンの中島正毅さん、筆者と筆者の中学二年生の娘の六人で、金浦空港で孫さんに迎えてもらった。

着いたその日から、国会議員選挙をひかえたソウルの活気に触れ、孫さんの説明を受けながら、元朝鮮総督府（博物館）や慶福宮、南山タワー、水原の独立記念館など植民地支配の跡をたどり、反日義兵闘争（朝鮮植民地戦争）や韓国併合、三・一独立運動などについての展示を見てまわり、朝鮮の人たちが日本の植民地支配からの解放を願って激しい闘いを繰りひろげた歴史を知った。

独立記念館では、日本の官憲が被疑者を拷問にかける場面を音声付きのロウ人形で展示していた。館内に悲鳴が響き渡り、大勢の人が展示の前で立ち止まって日本に非難の声をあげていた。私たちはいたたまれない気持ちで逃げるようにその場を離れた。加害の歴史はともかく、植民地化への抵抗の歴史は学校教育では学ばなかった。大切なことを教えない日本の教育の問題を意識するようになったのはそのときからだった。独立記念館は、日本の「歴史教科書問題」に抗議して国民の寄付で一九八七年に開館したものだが、韓国の人たちの様子から民主化された韓国の国民統合に必要な施設なのだろうと思った。

一九九〇年を前後して、日本では昭和天皇が逝去、東西ドイツの統一やソ連の崩壊があり、欧州連合が創設され、東西冷戦が終焉を迎えた。韓国では一九八七年に民主化があり、大統領が初めて選挙で選ばれた。その盧泰愚大統領が一九九〇年に来日した際に強制動員名簿の提出を要請した。韓国の女性たちが「韓国挺身隊対策協議会」（現・日本軍性奴隷制問題解決のための正義記憶連帯）を結成し、日本軍「慰安婦」問題の解決を迫るなどの動きもあった。それに呼応して、日本でも「強制連行・強制労働」や日本軍「慰安婦」の事実を明らかにしようという動きが始まっていた。韓国から被害者が来て日本政府や企業を提訴、「戦後補償裁判」では日韓市民が協力して取り組む動きが出ていた。外務省は当時、国会質問で、日韓条約の両国間の請求権問題では個人の請求権は残る（柳井条約局長国会答弁[(注)]）と答えており、法的にも道義的にも日本政府の謝罪と賠償は必要だと考えられていた時期であった。私も、初めは生まれる前に起きた事実に責任を持つことはできないから謝罪はしないと言っていたが、歴史を詳しく知るなかで「日本人は強制連行、強制労働を行った国民として自らの加害責任を問う必要がある」と書いている。そうした思いの中での訪韓であった。

独立記念館

（注）一九九一年八月二七日の参院予算委員会では、当時の柳井俊二外務省条約局長は日韓請求権協定をめぐり、日韓両国が国家による外交保護権を相互に放棄したということであり、いわゆる個人の請求権そのものは消滅していないと答えている。その後の「外交青書」二〇一九において、日本政府は「サンフランシスコ平和条約、二国間の条約等に従って誠実に対応してきており、これらの条約等の当事国との間では法的に解決済みとの立場である」と表明した。

墓参

三月一二日夜八時、現代アパートに住む金英男さん宅を訪れた。祭祀はチェサといい、日本でいえば法事（命日法要）にあたる。韓国ではこれが一般的だというが、お坊さんは呼ばなくて、長男の英男さんが取り仕切った。漢詩が書かれた屏風を立ててその前に座卓を置き、その上に位牌といろいろなごちそうを並べ、男性から順番に拝（注1）を行い、位牌に貼られた「顯考學生父府君神位（注2）」と書いた紙を玄関で燃やした。亡くなった人が地上に戻ってきて、ご馳走やお酒をたくさん召し上がっていただくための儀式だそうで、三〇分ほどで終わった。その後、先祖に差し上げた料理を参会者でいただいたが、日本でいう法事の後の直会《なおらい》のようなものだ。

この夜、再び故鍾旭さんの妻・文甲斗さんと話をした。なんと、文さんは日本語でポンポン話をされた。日本生まれで、妹たち三人は日本に居るし、夫との会話もずっと日本語だったという。お父さんは鉄工技術者として酒もたばこも飲まず真面目に働いてきたが、頭を使うからか胃弱に苦しんできた。亡くなったのもそれが原因だった。お父さんは二〇歳、自分は一八歳で結婚した。一五人も扶養家族がいたので家事と子育てに忙しかったし、卓球場（自宅に卓球台を置いて、練習用に貸す）を開いて家計の足しにしてきた。末娘が結婚して、ようやくふたりで悠々自適の生活を始めたところだったのに、お父さんは亡くなってしまった。本当にいい人だったよ。いま自分は釜山のアパートで気楽に暮らしている、と話された。そこでようやく、チェサの準備をテキパキと指示していたことが腑に落ちた。

祭祀の準備をする文甲斗さん

翌一三日は、金命石さん、鍾旭さんのお墓参りと、志合谷雪崩事故の犠牲者・金三福さんの弟、金徳淵さんに会いに行った。早朝ソウルを発って、慶尚南道まで四時間ほど高速道路を飛ばし、居昌郡主向面に着いた。すでに釜山から到着していた鍾旭さんの三女夫婦や親戚の人たちが待っていた。黒部で働いていたという村の住人であるおじいさんたち二人もいっしょに山の上の傾斜地にあるお墓に行った。墓地には、上のほうから命石さんのお父さんの墓、その下に妻の朴景述さんの遺骨だけが入った金命石さんの墓、さらに下に金鍾旭さんの土饅頭があった。その前には六〇センチ×三〇センチほどの墓石が置かれ、側面に「學生慶州金公諱鍾旭之墓坐配南平文氏子英男京男孫民爽民局祀範戊辰三月」と彫られている。妻は文氏というだけで名前はないのに、息子と孫の名前は彫ってあった。この国の家父長制と女性の地位を象徴していた。

英男さんと親族一〇人ほどは上の墓から順に花を手向け、香を焚き、酒を献じて拝を捧げていた。傍で、私はようやく鍾旭さんに会えたという感慨に浸っていた。そのあとは、降り注ぐ早春の陽光の中に様々な料理を並べ、焼肉をして酒宴となった。男たちは車座になって私たちが持参した「正宗」（清酒）に舌鼓を打っていた。その横で、聞き取りを行った。

白在明（ペク・チェミョン）さんは、一九三八年秋に黒部に行ったが、飯場も仕事場もトンネルの中にあり、長い間陽光の光も見る

金鍾旭さんの墓参り　韓国慶尚南道居昌郡熊陽面

ことない生活だった。天井が落ちてくる恐怖に耐えられず、一ヵ月も我慢できなかった。雪が積もって電車が動かなかったので、命石さんの弟に送られて三日市まで歩き、その後東京に行った。「肝っ玉が小さかったおかげで命拾いした」と話した。

　白永熙（ペク・ヨンヒ）さんは、命石さんから渡航許可申請書が届いて、渡航許可証をもらって日本に行った時には命石さんはもう亡くなっていた。自分と同じように居昌郡から二〇人ほどが黒部に行っていたが、亡くなった人が多いと聞いている。自分は犬飼セイシチロウという親方のもとで高熱隧道でも仕事をしていたが、削岩機は大きくて力のある人しか使えないので、ズリ出しやトロッコのレール引きをしていた。「黒三」完成後は秋田の小坂に行き、解放後に朝鮮に戻ったとのことだった。

白在明さんと白永熙さんに聞き取りをする。右端は通訳の植田さん

　韓国への初の取材の旅は、連日早朝から深夜までのハードスケジュールだった。見るもの聞くこと知ることのすべてが初めてで、心が揺さぶられた。韓国で会ったのは、孫さんの家族、金鍾旭さんの家族、岡山、鳥取周辺で行商し、一時黒部峡谷で孫さんの父・孫凡石さんを手伝っていたという孫致寿さん、黒部で働いていた二人の白さん、孫さんの友人でもあり、金泰景さんの長男の金錫俊さん、そして、遺族の金徳淵さんだった。この旅が可能になったのはひとえに孫秀栄さんのおかげであった。

（注1）日本でいえば合掌に相当し、地に手をついてはお辞儀を繰り返す韓国式礼拝

（注2）顕考は亡父を意味し、とくに社会的地位のなかった人の場合学生、何らかの地位のあった人は職位名を書く。府君は故人または故人の祖先に対する敬称の意味

金鍾旭さんの家族

金鍾旭さんの故郷を訪問した年の年末、編集者に急かされながら、ようやく『黒部・底方の声』の出版にこぎつけた。釜山の鍾旭さんの妻・文甲斗さんに本を送ったが、返事がこない。せめて届いたことを知りたいと富山に住む妹さんに電話すると、「お姉さんたら、まったく手紙を書かない人で」と聞いて、そうなのかと思っていたところに、手紙が着いた。「主人の妹弟五人を育てました。親がおらないのでかはいそうと思って大きくしたのです」。現在はみんないい暮らしをしていて、苦労したが今は安心していると書かれていた。字を忘れたとあり、たどたどしい筆致で旧仮名遣いで書かれている。無理もない。二〇歳代であっても初めて故国に帰れば、話すことはともかく、書くほうは朝鮮語も日本で学んだ日本語も堪能というわけにはいかないだろう。記憶の底から文字を呼び起こして文を綴ったのであろうか、ひらがなで、精一杯の感謝の気持ちを表わしたものだった。孫の運動会で撮ったという夫婦の写真が一枚同封され、「私はね、日本の名前は春子です。春子」と結ばれていた。

また、『黒部・底方の声』の出版のあと半年も過ぎたころだろうか、電話がかかってきた。「私、君子です。お父ちゃんのことを書いてくれて、ありがとう」。電話の人はそう話すが、何のことだかわからない。「今までお父ちゃんは誰にも知られず谷底に忘れられて無駄死にだと思っていたけれど、発電所を造る大事な仕事をしていたことをちゃんと書いてくれる人がいて、やっと気が晴れました。お兄さんのこと

も書いてあるとか…」。そこでやっとわかった。鍾旭さんが夏休みに志合谷でアルバイトした時にあまりにかわいらしくて富山に連れ帰って命拾いしたという一番下の妹、君子さんだった。

君子さんからはその後折々に電話があった。自宅は釜山にあるが、名古屋で病院の付添婦の仕事をしているという。日本に出稼ぎに来るようになったのはタクシー運転手をしている息子に新車を買うためだと。戦後親戚に預けられてしばらく日本にいて、いまも出稼ぎで日本にいる、と。流暢な話しぶりだが、君子さんもまた学齢期に韓国に帰ったため、日本語も朝鮮語もうまく書けないという。それからまたしばらくして、韓国と行き来するのはお金のムダだから日本人男性と結婚したと電話があった。「偽装結婚」である。いいのかなぁと思っていると、この男性と気が合ったのかいっしょに暮らすようになったので遊びに来てほしいと誘われて、名古屋の二人の住まいを訪ねた。男性は、ずっと飯場暮らしをしてきて身寄りもなく、高齢で仕事を辞めたいまは君子さんと暮らすようになって安心していると話した。君子さんも、韓国よりも日本のほうが性に合っていると言って、嬉しそうだった。いまはどうしておられるだろうか、時々思い出す。

金鍾旭さんと文甲斗さん夫婦
（孫の運動会で）

話は前後するが、一九九六年になって、文甲斗さんから手紙が来た。男きょうだいはみんな亡くなって、女（妻と姉妹）たちだけが生き残っている。父、金命石のお墓参りに行きたいと書かれていた。峡谷鉄道は前年の豪雨で猫又付近で線路が流され、五月になってもトロッコが不通という年だった。電話でそのことを伝えたが、峡谷鉄道開通後間もなく富山空港に着くと知らせがあった。その日、文甲斗さんと鍾阪さんの妻、鍾阜さんの妻と鍾旭さんの妹の富子さん、明子さんなど女性の一行が志合谷を訪れた。私のほうは、その日は義母の葬儀と重なり、関西電力に連絡して案内してもらうように段取りをしておいた。同行することにしていたのに、結局会うこともできなかった。一行を取材したＫＮＢの記者によると、韓国からブタの顔などのお供えを持参し、現場でチマチョゴリに着替えてチェサを行ったということだった。ニュースで放映したそうだが、これも見ることができなかった。

それから一〇年も過ぎたころだろうか、今度は長女の富子さんが孫を連れて墓参に来られた。ひいおじいさんの亡くなった場所を教えておきたいとのことで、いつも対応してもらう関電北陸支社長室広報担当の方に志合谷への案内をお願いした。富子さんは二日ほど我が家で泊まり、ゆっくり話ができた。富子さんも名古屋で付添婦をしていたが、付添婦が禁止されたのを機にやめたとのことだった。日本語のニュアンスがわかるからできる仕事だ。富子さんは名古屋にいたときに何度か富山に来て友だちや近所の人たちと会っていたのだろう、車で連れて行ってほしいといわれていっしょに行くと、ある家で友人らしき女性と富山弁で話していた。短時間のことだったが、今もその場所を通るたびに富子さんを思い出す。釜山に来たら連絡しなさいよと言われて住所をもらったが、行く機会もなく、鍾旭さんのきょうだいとの交流はそれ以来絶えている。

それにしても、親戚でもないのに、金鍾旭さんの親族の多くの人たちと会い、または電話で話をするような関係を持てたのは不思議な縁だった。日本に身寄りがないのかといえば、文さんの妹たちは富山、東京、大阪にいる。こうした関係をつくってもらった清水弘さんとは北大を退職された後も電話で二、三回話をした。清水さんは二〇一二年に八六歳で亡くなられた。こうして、ホウ雪崩事故によってなにか見えない糸でつながったような交流を経験できたのは幸いだった。

気になるのは、一旦韓国に戻った日本生まれの女性たちが、日本に戻ってきていること。中本春子さんは離婚して新しい人生を求めて来日した。残してきた男の子のことが気掛かりだと話していた。富子さんと君子さんは仕事を求めて。日本で生まれて言葉や習慣などに慣れていることや親族がいることが利点になっているが、逆に朝鮮語や朝鮮の習慣に慣れることができず、祖国でうまくいかなかったことが来日の理由だとすれば申し訳ないばかりである。

半世紀の時間が流れても遺族の無念な思いは消えていない。雪崩事故がなければ、子どもたちはそれぞれ別の人生を送ったことだろう。運命はここから新しいものを生み出した。きょうだいが協力し合って生き、結婚して子どもが生まれた。鍾旭さんは、息子が現代建設に勤め、父親と同じ土木建設に携わっているると嬉しそうに書いていたが、命石さんが生きていればもっと喜んだであろう。

それからさらに三〇年も過ぎようとしている。ふたりの金さん家族との交流は、いまは途絶えている。日本は強制動員被害者や日本軍「慰安婦」被害者に謝罪や補償を拒み、これに隣国ゆえに起きる島の帰属をめぐる争いもあって、関係はうまくいっていない。こんな時、自分に何ができるのだろうと考えるばかりだ。

4　志合谷ホウ雪崩事故の遺族を訪ねて

天皇からの御下賜金

一九八八年一一月、富山県公文書館のひとくくりになった未整理の資料の中から、「黒三」志合谷雪崩事故犠牲者への天皇からの「御下賜金拝受証」と「義捐金領収書」の束が探し出された。黒部川電源開発の資料の中に朝鮮人労働者に関するものがあるはずだという確信に基づいて、此川（現山本）純子さんが何ヵ月も下新川地方の未整理の資料を調べた成果であった。

此川さんがすぐに金鍾旭さんが受取人となっている拝受証のコピーを頼むと、名前を消したものが渡された。さらに、三年後の一九九一年一二月、研究資料として名前入りの複写を申請したところ、受取人の名前が朝鮮名の下賜金の拝受証三五通と義捐金の領収書三六通が申請通り受理された。同時に、これらは「雪害罹災救助関係　県知事宛御下賜金伝達方の件」として公開されていることもわかった。

「拝受証」には「一金八円五十銭也（子どもは五円）但昭和十三年十二月二十七日黒部奥山志合谷大雪崩遭難御救恤《きゅうじゅつ》御下賜金　右謹て拝受候也　昭和十四年十月三十日　〇〇〇印鑑　富山県知事矢野兼三殿」と書かれる。金額は低いが、「天皇陛下」から頂く見舞金の効果は絶大で、多発する事故に工事中止を求める関係者や地域の日電への批判の声を抑えるために必要だった。「領収書」は、宗教団体からの二円八十銭の義捐金に対するもので、下賜金と同時に知事より伝達された。これらのお金は、国内の場合は出身市町村に、朝鮮の場合は道知事に依頼し、面役所に付託して遺族に渡された。朝鮮人遺族の場合、同一筆跡のものが複数あり、また慣れた筆跡から役人が書いたと思われるものもある。とすれば、お金が実際に渡されたかどうかはわからない。志合谷事故の場合、労働者災害扶助法の扶助金や葬儀料、各種見舞金などの合計額が一〇三〇円だったといわれるが、家族が死亡を知らない場合もある。実際に受け取ったことを願うばかりである。家族が遺骨と扶助金等を受け取ったか知りたくて、金命石さんと金鍾旭さんの墓参のあと、一人の遺族を訪ねた。

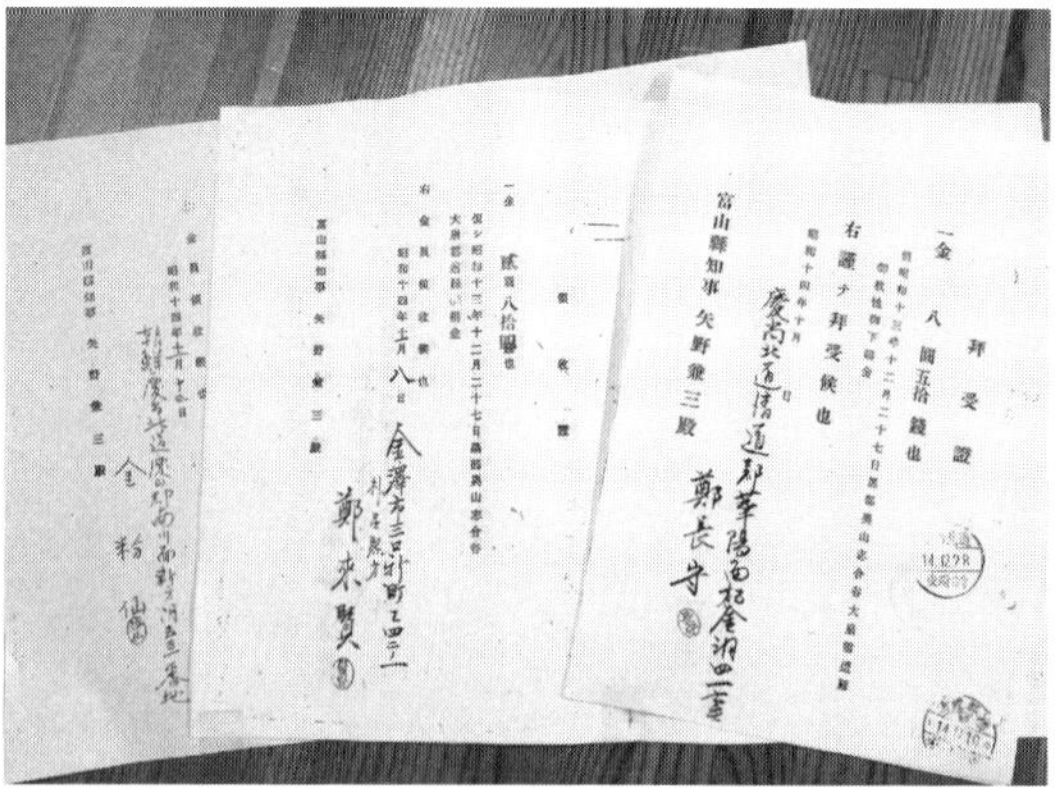
拝受証と領収書。慶尚北道の書類には受付印がある。多くは達筆で、印鑑も同じような形と大きさ

遺族への手紙

拝受証書は三二枚あるが、遺族の住所が記載されているものが一六枚あった。韓国に行く二ヵ月ほど前になっていたが遺族に手紙を出すことにした。朝鮮戦争で大きな被害を受けていること、住所表示の変更があったかもしれないこと、時間経過により受取人がすでに死亡していることもあり、相談した人たちからは返事が来る可能性は低いだろうと言われた。しかし、遺族に会って話を聴く必要があると考え、わずかでも可能性があればと思って、あわただしく準備を始めた。亡くなったと知らされたときの思いを聴き

たい、遺族がどのように生きたのか知りたい、また、いっしょに黒部で働いていた知人を紹介してほしいなどと日本語で手紙を書き、植田さんに朝鮮語に翻訳してもらった。返信用封筒と国際返信用切手を同封し、投函し終えると訪韓の一ヵ月前になっていた。

それから一〇日を過ぎたころから「受取人が宛先に尋ね当たらない」、または「宛名不完全」などと記された手紙が戻ってきた。一六通投函して、最終的に三通の返信があり、六通が宛先不明で戻った。

最初に返信が来たのは、二月末だった。半世紀以上の時空を超えて届いたのは、金仲文さん宛の手紙だった。送り主は弟の金徳淵（キム・トギョン）さん。手紙を開くと、まず目に飛び込んできたのは、「日本帝国主義」という漢字。手紙は漢字混じりのハングルで私には読むことができない。他には、戸籍簿の写しが同封されていた。亡くなったのは金三福さんで、事由には以下のように書かれていた。

慶尚北道高霊郡牛谷面（水の下に田）谷洞九一〇番地において出生　昭和十三年十二月二十七日午前三時富山県下新川郡内山村黒部国有林奥山通称志合谷に於いて死亡　戸主金仲文届出　同十四年一月二十九日受付

お金の受取人の仲文さんは三福さんの父親で、徳淵さんはその六男だった。行ってわかったが、手紙は代筆によるものだった。

亡くなった兄は日本に渡り、日本帝国主義の名の下に富山県黒部川の電源開発で犠牲になった者の一人です。いっしょにいたいとこ二人は夜勤で助かり、そのいとこの話では雪の下から掘り出しました。五〇年何の音沙汰もなく、日本当局からは補償も弔慰金も受け取られず、この憤懣やるかたなさをだれに訴えたらいいのでしょうか。兄は結婚後日本に渡り、兄嫁は長い月日を空しく送っています。甥のチョンマンを養子としました。（植田晃次訳）

「この憤懣やるかたなさをだれに訴えたらいいのでしょうか」という字句は、五〇年前に引き戻された怒りと戸惑いの心情にあふれ、遺族にとっては植民地支配が過去のものではないことを表わしていた。

よみがえる怒り

金鍾旭さんの墓参を済ませたあと、私たち一行は金徳淵さんに会うために再びマイクロバスに乗った。孫秀栄さん、金鍾旭さんの長男夫婦と次男の妻、運転手と日本からの六人、総勢一一人は、水田、ねぎ畑、果樹園の間を縫うように走り、幾多の村を抜けて峠を越えては盆地に下り、慶尚北道に入った。金三福さんは、このような道を何時間も歩き、最寄りの停車場から釜山に行き、さらに関釜連絡船で下関に行ったのだろうか。そこからまた汽車で富山に行き、着いてからも黒部奥山までの長い長い時間、どんな気持ちだったのか。日々の暮らしすら困難ななか、三男が暮らしを立てようとすれば、新妻を残して内地に行き、多少危険でも実入りのいい黒部で働かなければならなかったのか、そんなことを思いながら車窓の景色に見入った。

金徳淵さんの家の縁側。右横にいるのは三福さんといっしょに日本に行っていたいとこの妻たち

二時間も走って陽が西に傾くころ、目的地に着いた。土塀に囲まれた集落の中にめざす家があった。徳

淵さんは私たちを待って、農作業にとっては貴重な春の午後をずっと縁側で過ごしていたらしい。

「死んだという知らせとお骨が帰ってきただけだ。当時自分は幼かったので、あとになってひどいことだとわかった。父母も亡くなり、月日も流れたので過去のことはすべて夢の中のものとしようと思っていたのだが、このような知らせを聞いて、兄が亡くなったという悲しみがよみがえった」（植田晃次訳）と怒りを含んだ声で話した。お金が届いたかどうかはわからない。突然現れた日本人は、謝罪するでもなく、もちろんお金を渡すわけでもない。歴史の事実として黒部の朝鮮人労働者の存在を書き記すために聞き取りをしたいという訪問の趣旨を理解しがたいようだった。

いとこの二人の妻も待っていた。手紙に書かれていた、三人がともに志合谷で働いていたという内容は間違いで、名古屋で働いていたいとこ二人に亡くなったという電報が届き、宇奈月に行って本人を確認し、火葬した。間もなく、いとこの一人が三福さんのお骨をもって帰郷をした。三福さんの新婚の妻はほどなく再婚し、三年前に七八才で亡くなったということだった。

いとこの妻たちは日本語で名古屋に住んでいたことがあると話し、名古屋は変っただろうかとしきりに懐かしがっていた。近所の人たちも加わり、みんながいっせいに方言で話し始めた。植田さんは通訳のしようもなく困った顔でみんなを見ていた。縁側の裸電球の下、意味不明の朝鮮語が弾けるなかで、私は、まだ自分が生まれていない半世紀前に引き戻されるような感覚に陥っていた。夕闇が迫るなか、「両親は二十歳（実際には二五歳）そこそこで亡くなった息子を不憫がって、骨を抱いて慟哭されました」と、縁側の裸電球の下で話す徳淵さんの表情がいまも思い出される。

恨を晴らしたい

三月一五日に韓国から戻ると、手紙が二通届いていた。一通は被害者徐又龍（ソ・ウリョン）さんの甥の徐五奎（ソ・オギュ）さん、もう一通は被害者韓仁善（ハン・インヒ）さんの息子韓昌根（ハン・チャングン）さんからだった。徐さんの方はおじさんに当たるので、あまり詳しくはなかったが、その妻は再婚し、自分の弟がおじさんの養子となっていると書かれていた。

一方、父を失ったという韓さんの手紙には、申し訳なさでいっぱいになった。

母方の祖母から父親が徴用で日本に行き、雪崩で亡くなったと聞いていた。父が亡くなった時二歳で、六歳の時に母親は再婚し、孤児になった。母の金粉仙（キム・プンソン）は七四歳で存命している。電報で知らせがあり、叔父が遺体を引き取りに行ったが、解放後に戻った叔父から遺体がみつからなかったと聞いた。扶助金はどの程度かわからないが、もらったようだ。（そのことでなにかまずいことがあったようだ）八歳まで母親の実家で暮らし、その後父親の祖父母のところに移り、その二人も一七歳の時に亡くなったので伯父のもとで暮らした。伯父とは意見が合わず、そこを出て苦労したが、結婚して三男二女をもった。五〇年以上過ぎて日本から届いた手紙はいっそう悲しみを誘ったが、父が亡くなられたその場所の土を持ってきて、故

韓昌根さん（左）に話を聞く孫秀栄さん
1995年 大邱

郷の先祖の墓の下に残せば息子としてすべきことを果たすことになるが、暮らしが楽ではなくて日本に行くことはかなわない。

それから三年後の一九九五年五月の初め、孫秀栄さんといっしょに大邱に住む韓さんを訪ねた。駅まで迎えに出てもらい、タクシーで韓さんのアパートに行った。孫さんに通訳してもらって、韓さんの話を聞いた。二歳というのは数え年なので、一歳になるかならない頃だから、韓さんに父親の記憶があろうはずはない。手紙に書かれていたような苦労話を再び聞いた。お金については尋ねなかった。たぶん、叔父さんがお金の大部分を使ったのだろう。私は志合谷で集めてきた砂を「お墓に入れてあげてください」と言って渡した。奥さんが準備されたという昼食をいただいて辞した。

韓さんの恨は、少しは晴れただろうか。申し訳ないことに、たいへんな苦労をしたと話す韓さんの前に砂の入った小さな箱を置いて、私は肩の荷を下ろしたような気になっていた。韓国での供養というのは、日本のように五〇回忌で終わるのではなく、生きているかぎり孝を尽くすようだ。韓さんは、その後志合谷の砂をもって故郷に墓参に行っただろうか。顔も知らない父親とどんな言葉を交わせ

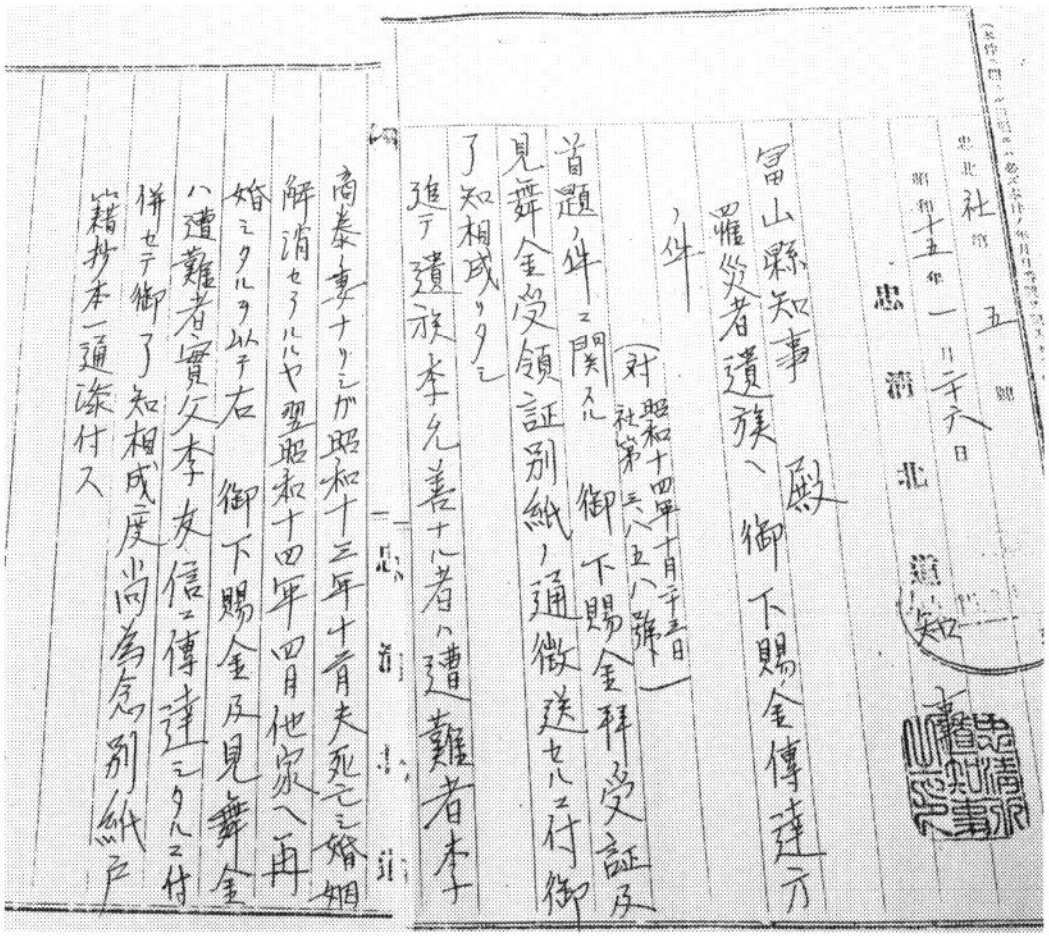
忠北社第　五　號
昭和十五年一月二十六日
忠清北道知事
富山縣知事　殿
罹災者遺族ヘ御下賜金傳達方ノ件
首題ノ件ニ関スル（対昭和十四年十月十三日社第三八五八號）御下賜金拝受証及見舞金受領証別紙ノ通徴送セルニ付御了知相成リタシ
追テ遺族李允善ナル者ハ遭難者李商泰妻ナリシガ昭和十三年十二月夫死亡ニ婚姻解消セラルルヤ翌昭和十四年四月他家ヘ再婚シタルヲ以テ右御下賜金及見舞金ハ遭難者實父李友信ニ傳達シタルニ付併セテ御了知相成度尚為念別紙戸籍抄本一通添付ス

妻は夫の死後４ヵ月後には他家へ嫁し、お金は実父に渡したという忠清北道知事から富山県知事への報告書

ようか。

三人の遺族のことで驚いたのは、妻がそろって直後に再婚していたことだった。若者が日本に出稼ぎに行くのだから、妻たちはもっと若かったのだろう。受領書の綴りのなかには村役人が書いたと思われる書類があり、遭難者の妻が再婚したので父親に下賜金と義捐金を伝達したと書かれたものもあった。私の質問に、徳淵さんは「再婚しなければ食べていけなかった」と話したが、夫の死を悲しむ間もなく、否応なしに他家へと嫁がされたのだろうか。幾重にも重なる女たちの悲しみが思われた。

5　祖父は志合谷で亡くなった

中村さんからの手紙

一九九二年の夏、一通の手紙が舞い込んだ。「自分の祖父は志合谷事故の犠牲者・朴来仁（パク・ネイン）です。事故に遭った飯場には祖父と息子と妹夫婦もいましたが、息子は助かり、妹夫婦は翌年雪解けの頃、遺体で発見されたそうです」と書いてあった。手紙の差出人は、東京に住む中村利也さん。強制連行の調査を呼びかける集会で富山県庄川町（現・砺波市）の沢田純三さんと会い、筆者のグループを知った。「祖父のことを知りたいと集会に参加したのは、自分は日本人として生きてきたし、これからもそうしていくだろうけれど、朝鮮人であった祖父がどのような状況で生き、そして死んでいったのか、また残された家族たちはどのように生きてきたのかを知り、かつ、そのことはきちんと後の世代に伝えていかなければならないと思っている」と書かれていた。

「朴来仁」？　金沢に住んでいたとあるので拝受証と照合すると、住所が金沢で受取人が鄭来熙（チョン・ソンヒ）となっているものがあった。そして、金鍾旭さんが清水さんに出した手紙に、母・朴景述の兄も同じ事故で亡くなったと書いてあったことを思い出した。また、同じ飯場で働いていたおじさんの息子はそのときせっかく命拾いしたのに数年後に南方で戦死したということも符合した。

仙人谷ダムを背に、左から中村さん、筆者、内田さん

　その年の秋のはじめ、手紙の主、中村さんは富山を訪ねた。共著者の内田すえのさんもいっしょに志合谷へ行き、また、資料をコピーしたり、ビデオを見たりして帰られた。その後送られてきた礼状には、翌年母や伯父といっしょに来て、関西電力が催している志合谷の慰霊祭に出たいと書いてあった。その後も、中村さんからは毎年のように年賀状をもらった。数年は「今年こそ家族とともに志合谷に行きたい」と書いてあったものの、そのうちお母さんが亡くなり、叔父さんも高齢で病気がちとなって、父親の亡くなった志合谷に来ることはなかった。

　その中村さんに、二〇一九年の春、電話を掛けた。『底方の声』の「その後」を書きたいと思っている。またKNBでテレビ番組の取材をすることになり、遺族として話をしてほしいとお願いした。仕事で忙しく、あまり時間的余裕はないが、もう一度志合谷に行きたいと思っているからと引き受けてもらった。

再び志合谷へ

二〇一九年一〇月二三日、前日は雨で天気が心配だったが、朝起きると空はスッキリ晴れていた。中村利也さん、朴垠貞さん、そして私の三人は、黒部峡谷鉄道終点の欅平駅で宇奈月から上がってくる、始発のトロッコ電車を待っていた。九時過ぎ、KNBの大野慶介記者と濱谷一郎カメラパーソン、そして山岳ガイド二人の四人が到着、この七人で水平歩道を志合谷に向かった。ガイドが二人いるのは、七一歳の私がトラブルに陥ることを想定してのことだった。手ぶらでと言われ、仕方なくカメラなどすべての持ち物を持ってもらい、身一つで歩みを進めた。

まずは欅平から水平歩道まで一気に三〇〇メートルを歩いて登る。石と木の根がからみあった斜面を階段状に整えた登山道は段差が大きい。短足の私はいちいち「エイ、ヤア！」と気合で足を上げなければならない。また蛇が束になって横に這っているようなゴツゴツした細い根っこの上を踏み進むが、これが濡れていて滑る。高低差二〇〇メートルあまりの工事用エレベーターは登山道の近くにあり、「黒部峡谷パノラマ展望ツアー」ではこれを利用するが、一般の登山者はその高さを自分の足で上がるのだ。展望ツアーの道と交差する地点からわずかに登ると、名前の通り道はなだらかになった。

多少のアップダウンはあるがそれまでの急坂に比べれば確かに水平といえる。ただ、片側が垂直の崖、もう片側も深い谷となっていて、場所によっては黒部川の流れが百メートルほども下にある。断崖絶壁とはこのことだ。桟道は直径二〇センチほどの丸太三、四本を番線で束ねて崖にボルトを差し込んで固定してある。崖をコの字にくりぬいた道（半隧道）も、一人が通れる幅数十センチしかない。すれ違いもむずかしいし、振り向きざまに荷物が崖にぶつかれば、バランスを崩して谷に真っ逆さまということもある。危険な箇所には崖側に太めの番線が2本束ねて張ってあり、それを片手で触れて歩くようにはなっているが、両手でつかんでも体を支えることはできないだろう。仙人谷から上流の日電歩道はさらに細くて険しい。こんな道だから、私たちが行った直前の一九日に一人、二〇日に二人、二一日に一人と連日のように登山者が亡くなっていた。しかも、クマに出会ったパーティーもあったという。クマよけのベルを鳴らしているすれ違いの一行もあったが、前から来ても後ろから来てもクマを避けようがない。

かつて、この道を数十キロから一〇〇キロもの荷物を背に、ボッカがダムの建設資材を担ぎ上げた。当時は現在ほど整備されていなかったであろう。男性だけでなく女性のボッカもいた。飯場で炊事する女性もいれば飯場頭の妻などは子どもを背負って往き来した。途中に蜆坂という場所がある。当時女性は着物に下着を付けなかったので、足を大きく開いて登ると女性器が見えたことからその名がついた、とからかわれたことがある。雨が降っていなくても滑りやすいのだから、年間四〇〇〇ミリといわれる多雨の山岳地帯のこと、どればどの人が犠牲になったのだろう。谷に落ちたら、ときには遺体もみつからないのだ。

欅平から志合谷までずっと、奥鐘山を谷の向こう左手に見ながら、黒部川左岸の崖の中腹を歩く。欅平では少し早いと思われた紅葉も、上流に進むに従い色づいていた。だが、踏み外さないようにひたすら足元を見て歩くだけで景色を楽しむどころではない。ときおり周辺を見回してガイドさんに山の名前などを聞いてみたが、さっぱり記憶にない。三時間ほど歩いて志合谷に至り、遥か眼下に横坑の外に建つトーチカ様の建物が豆粒のように見えてきた。その左側には低い尾根が見え、尾根を越えた向こうには黒部川本流、一番奥に奥鐘山の大岩壁がそびえ立つ。

それ以上進むと最終の宇奈月行きトロッコに間に合わないかもしれないという時間になっていた。幸い、心もち道幅が広くなっているところがあったので、お花を置いてろうそくに火を灯し、線香を焚き、正宗（清酒）をまいて清めた。八〇年前の志合谷宿舎の写真と谷に向かって額ずく金鍾旭さんの写真を置き、八四人を超える犠牲者に手を合わせた。

帰り道、私たちは水平歩道脇にそびえる高圧送電線用鉄塔の脇で立ち止った。白い文字盤には、「猿飛線、建設年月昭和一五年一一月、関西電力」と記されていた。ホウ雪崩事故から二年後の一九四〇年の晩秋、黒部川第三ダム（仙人谷ダム）から送り出された水は導水管を通って二六〇メートルの落差で欅平にある黒部川第三発電所の発電機を回し、関西へと電気を送った。鉄塔はまさにその時に完成したものだろう。「機械力もなく、ヘリコプターもない当時、どうやって山のてっぺんまで資材をあげて鉄塔を造り、太くて重い電線を何本も谷を越えて渡したのだろう」と、なぞなぞを解くように考えた。

志合谷を望む水平歩道で

家族の肖像

中村さん、朴垠貞さんと私の三人は、志合谷に行った前日に峡谷に入り、欅平から少し上流の名剣温泉で泊まり、夜の時間、朴さんといっしょに中村さんの家族の物語を聞いた。

一九九〇年頃、中村利也さんは自分の家族はなんかだかふつうとは違うようだと思い、恐る恐る自分のルーツを母親に尋ねた。答えにくいだろうと思っていたが、意外とあっさりと話してもらえた。

中村さんのおばあさんは三重県南部の熊野灘に面する小さな漁村で生まれ、やがて飯屋とよろず屋を兼ねたような店で手伝いをしていた。そこへやってきたのが、紀勢線の敷設工事に来ていた朴来仁さんで、懇意になって各地の飯場に付いて回るようになった。そして、中村さんのお母さん（一九二六年生まれ）を筆頭に四人（男女二名ずつ）の子どもをもうけた。

おじいさんの朴来仁さんは日本名を大山一郎といい、金命石さんと同じ慶尚南道居昌郡の熊陽面（東湖里）出身で、一九二〇年頃、二七歳のときに日本に来た。自作農だったがある日急に思い立って妻子を残しての出立だった。各地の工事場で働いてやがて自分の飯場を持つようになり、金沢で大山組を立ち上げて、家族を呼び寄せた。金沢市三口新町に家族（朝鮮人の妻とその子ども、日本人の妻とその子ども）を住まわせた。家は大きくて、朝鮮から連れてきた一〇数名の労働者も寄宿していた。石川県を中心に仕事をしていたが、志合谷では妹の朴景述さんの夫である金命石さんの飯場で隧道の仕事をしていた。人手が足りないから、賃金がいいからと応援を頼まれたのだろうか。

志合谷雪崩事故で亡くなった朴来仁さんの遺体はいっしょに働いていた次男が宇奈月まで連れてきて茶毘に付した。次男は、雪崩のとき、風呂に入っていて助かった。下賜金や見舞金は朝鮮人の妻・鄭来賢さんが受け取った。長男はそのときすでに成人していて、下賜金の拝受証では母親の後見人となっている。戦後、朝鮮人の妻と子どもたちは故郷に帰っていった。このとき、おばあさんの長男（中村さんのおじさん）もいっしょに朝鮮に行ったが、朝鮮戦争のときに日本に戻った。（中村さんのお母さんは母親の戸籍に入っていた。おじさんは、日本に戻ってから日本籍を取るのはたいへんだったと中村さんが聞いているので、朝鮮籍になっていたと思われる）

夫が志合谷で亡くなったあと、中村さんのおばあさんはどのようにして四人の子どもを育てたのだろう。お母さんは一四歳で神戸の親せきで働き始めた。長男は一二歳、二女は六歳、二男はまだ一歳だった。戦後になっておばあさんは下の二人を連れて故郷に帰ったというが、小さい漁村では肩身の狭い思いをして暮らしたであろう。やがて、中村さんのお母さんもおばあさんのもとに行き、その土地で結婚した。そして、一九五一年に中村さんが生まれた。

朴根貞さんはこの志合谷行きのためにソウルから来て、数日間富山に滞在していた。朴さんは登山が趣味で、月に一度はソウル近郊の山に日帰りで登っているそうで、阿曽原まで行けないのを残念がっていた。私のほうは、このことだけのためにソウルから来てもらうのは申し訳ないと思っていたが、「現場に行った、現場を見た、という意味は大きい。この体験を翻訳に生かしたい」と話した。また、前夜三人であれこれ話をしたが、「中村さんが自分のルーツについてよく調べているのに驚いた。自分だったら、中村さんのように調べることはないだろう」と感動していた。そして、この夜初めて、朴さんのお父さんの友人が身元引受人となって富山大学に留学したことや、富山や日本で出会った人たちのこと、日本にいる間いろいろなアルバイトをして経験を深めたことなどを聞かせてもらった。

志合谷を訪れた翌年の二〇二〇年一一月中旬、中村さんが金沢のおじいさんの家を訪ねた折、私もついて行った。正確にはおじいさんの家の跡地だが、金沢市の野田山墓地へ向う旧バス通りに面した住宅地の一角だった。敷地が道路に削られなければもっと広かったと思われる。戦後朝鮮人の妻と子どもたちは故郷に帰る際に家を売却し、その後家は建て直され、美容院になっていた。美容師は見ず知らずの中村さんの話に快く応じてくれたが、住み始めたのが戦後二〇年も過ぎてからなので、戦前のことは何もわからないという。隣の家の人と中村さんのお母さんとは年賀状のやり取りをしていたので訪ねてみると、その人は二年ほど前に亡くなっていた。お母さんやおじさんを知っている人に会うことはできなかったが、二人が通ったという小学校への道をたどって往時を偲んだ。

八〇年後の墓参

二〇一八年の初めまでは水平歩道を歩いて志合谷の横坑の見えるところまで歩いて行くことになろうとは思っていなかった。二〇年ほど前までは関西電力にお願いして何組もの遺族を志合谷まで案内してもらっていたからだ。中村さんとは一九九二年夏に行って、志合谷横坑の入り口で気動車を下り、案内してもらった。地蔵堂には花が飾られており、持っていったろうそくや線香を点けてお参りした。横坑を谷の方へと歩き、谷に突き出して建てられた、通称・トーチカのそばで説明を受けた。このトーチカ様の施設は新黒三発電所建設の折に改築したとの説明だったが、案内の関西電力社員の方は、雪崩事故の法要を行うことで犠牲者を悼み、さらに半世紀前の事故の教訓を社員に伝えて事故防止に努めていると、自社の安全管理についての実践を誇らしく語られた。雪崩事故は自然災害ともいえないこともなく、関西電力の前身日本電力当時の事故だが、関電の遺族に対する対応はとても丁寧なものだった。また当時は毎年八月に慰霊祭も行われていた。これらは会社の信頼を高め、電力という社会的な事業を行う会社として尊敬に値すると思っていた。

事故からすでに八〇年以上も過ぎた。慰霊祭は五十回忌を過ぎても続けられたようだが、九〇年代になって終止符が打たれたようだ。時代も変わり、部署の担当者も何人も交替しているだろうし、現場に案内してもらうのは難しいかもしれないと思われた。しかし、数年前に毎日新聞が取材し、今でも訪れる遺族があると書かれてあったので、遺族に私が同行し、ＫＮＢが取材するという形で志合谷に案内してもらえないかとお願いした。すると、「ほかに同様の取材を許可したことはないので、この件だけに許可はできない」と断られた。

その後、北陸支社の社内報『ほくりく』のいくつかのバックナンバーのコピーをお願いした。それには「黒三」建設の貴重な資料やデータ、関係者が書いた文章などが数号にわたり掲載され、これを資料にして村上兵衛が『黒部川』を書いたのではないかと私は思っている。出所不明の私の持っているコピーは擦り切れて不鮮明になっており、数字などを正確に読み取りたいからと依頼したものだった。だが、社内報であり、どのように使用されるかわからないとの理由で断られた。「黒三」建設の苦労の跡が読み取れる記録である。往事を直接知る社員は退職し、その後も幾世代も交代した現在、社員には自社の苦労の歴史を読んでほしいし、地域の歴史として公開されれば社会貢献にもなるのに残念である。

二〇二四年度から上部軌道を経て黒四ダムまでの「黒部ルート」（欅平―黒四発電所―黒部湖までの工事のために掘削した地下ルート）が一般観光客に開放され、関電は年間一万人を受け入れる。現在でもV字谷の景色は素晴らしく、欅平までのトロッコ電車での観光は海外の観光客にも人気で、韓国人観光客も少なくないと聞いている。そうした人たちに日本人と朝鮮人が協力して電源開発が行われた事実と感謝を伝えることはできないだろうか。「黒四」建設は、関西電力の太田垣社長が陣頭指揮を執り、社員一丸となって取り組まれ、戦後の高度成長をもたらしたと称賛される。一方、「「黒三」」建設は、戦時の国策事業として取り組まれ、高熱隧道や雪崩事故など多くの困難を克服して完成した。「黒四」が太陽であれば、「黒三」は影のような存在ではあるが、「黒三」なしに「黒四」は存在しない。峡谷の景色を満喫し、黒部ダムや黒部湖を見ることができるのは、「黒三」のおかげだ。戦時下、植民地から来た朝鮮人労働者が携わった電源開発の過酷な歴史は、国内外の観光客にとっても興味深いことに違いない。

恩師との邂逅

聞くに堪えないヘイトスピーチという暴力が絶えない現在だが、植民地時代はさらにひどいいじめがあったと聞く。その一方、植民地と侵略戦争を深く反省し、差別に抗した日本人もいる。萬霊の塔を立てた佐藤喜一さんや、呂野用墓にかかわった田中石次郎さんと中易外次郎さん、お骨を預かり墓を守ってきた樋口住職など、書き出せば切りがないであろう。教師のなかにもそういう人がいた。

今は宇奈月小学校に統合されたが、かつて内山村には内山小学校があった。沢田最一さんは、一九三七年から二一年間、夫婦で内山小学校の教師をし、一九七六年に退職した。戦前の宇奈月では一、二年生は内山小学校宇奈月分校に通っていた。朝鮮人の子どももたくさんいた。

富山市に住む歌人・久泉迪雄氏は、画家だった両親とともに小学校一年生のころ宇奈月に住み、分校に通っていた。当時のことを尋ねると、「朝鮮の人たちは本当に貧しくて、弁当をもってきているような子どもはなく、それで、先生がなにか食べ物を持ってきて分けていたのを覚えている」と話した。久泉氏は一九二七年生まれというから一年生といえば一九三三、四年ころで、ダム工事がなくなり、失業が蔓延していた時期である。幼少時の久泉氏の記憶には朝鮮人の子どもに配慮する教師の姿が残っている。

金錫俊さんもそうした子どもの一人だった。三年生からは本校に通うようになり、勉強もよくできて統率力もあり、沢田先生は成長を楽しみにしていた。中学に行きたいというので勉強もみてやり、旧制魚津中学に合格した。金錫俊さん本人は、「さっぱり勉強もしないで落ちこぼれだったんですよ」と謙遜したが、当時旧制中学に行くのは勉強ができる富裕層の子弟に限られ、朝鮮人で中学へ行くのは珍しかった。宇奈月から一時間ほども電車に揺られて魚津まで通ったのであろう。

一九九六年前後、錫俊さんが富山に来られた。その前に孫秀栄さんから電話があり、錫俊さんが旧制魚津中学の卒業証書がほしいと言っているということで、魚津高校に連絡してその旨をお願いした。事前に、検討の結果、在学期間が不足しているので卒業証書はダメだが、在学証明書なら出せるという返事をもらっていた。一九四五年度は四年生で繰り上げ卒業になったので、錫俊さんは在学が三ヵ月ほど不足するだけなので卒業証書がもらえると思ったのかもしれない。いっしょに魚津高校に行くと応接室に通され、錫俊さんは校長先生から恭しく在学証明書を受け取った。それにしても、孫さんの話では、血圧が高く健康に問題を抱えているということだったが、なぜそんな状態で無理して富山に来て、卒業証書を欲しいと思ったのだろう。

魚津高校を辞したあと、錫俊さんといっしょに沢田先生に会いに行った。

沢田先生は当時を思い出しながら、再会の喜びを満面に浮かべてよく話された。八月一五日の解放後、錫俊さんは父親といっしょに故郷の済州島に帰るかどうか迷っていた。心配した沢田先生は「混乱した朝鮮に帰るのは危険だから、姉さんといっしょに自分の家にいればいいと、妻といっしょに引きとめたが、結局帰ってしまった」と話した。「金君の消息を知りたいと、この何十年も思ってきた。済州島へ行って、自分で探そうと思ったこともある」「日本の歴史は朝鮮から始まった。だが…」と二つの国の不幸な歴史に言及された。一方、錫俊さんは、「日本では朝鮮人と差別され、国に帰ってからは言葉も話せず、差別されて、たいへんな思いをした」と二つの国の狭間で思春期を送った少年の気持ちを吐露された。私は「パンチョッパリ」という言葉を思いながら、五〇年間相まみえることができなかった師弟の会話に聞き入った。チョッパリとは、二つに割れている蹄を語源とする日本人に対する差別語。パンは半分の意味で、半分日本人の意だが、日本からの帰還者や在日韓国朝鮮人に対する差別語である。

話は錫俊さん自身の体験に及んだ。咸均館大学校を卒業して陸軍に入り、ベトナム戦争に従軍して大尉で除隊した。その後大韓航空で勤務しているときに、よど号ハイジャック事件(注)が起きた。その時、金浦空港で操縦席の窓から食べ物を差し入れたのは、錫俊さんだったという。

また、「ベトナム戦争に従軍していたとき、上官から戦闘命令が出た。その命令に従うと全員無駄死にすると考え、自分の一存で命令を無視した。それで自分の部下の命は助かった。軍人としてはあるまじきことだが、今も誇りに思っている」と話した。父親の泰景さんもこのような人だったのだろうか。

戦争中の物資や食べ物がない時期も、普通の日本人よりも豊かな暮らしをし、金田組の御曹司として大切に育てられた。だが、充実した日々を送っていたように見えて、植民地出身の思春期の少年の気持ちは屈折せざるを得なかったのであろう。富山を訪問し、旧制中学の在学証明書を得て、恩師に会い、その他の懐かしい人たちにも会った。差別されたという思いから解放されることはないまでも、日本で生まれ育った人生に、肯定感をもたれたと思いたい。

のちに、帰国後まもなく錫俊さんは亡くなられたと、孫秀栄さんから聞いた。

（注）一九七〇年三月三一日、赤軍派のメンバー九人が、羽田発福岡行きの日航機よど号を乗っ取り、福岡空港に着陸後に韓国・金浦空港に向かい、そこで乗客を釈放する替わりに当時の運輸政務次官を人質にして北朝鮮に渡った。

第四章　上書きされる加害の歴史

小説『高熱隧道』をめぐって

1　消えた朝鮮人労働者

吉村昭の記録文学

「黒三」ダム建設について書かれた小説に、吉村昭による『高熱隧道』がある。一九六七年に刊行され、現在なお広く読まれている。これをきっかけに黒部峡谷を訪れる人は多いという。吉村昭は、現場、証言、史料等を取材し、事実に基づいてストーリーを構成する「記録文学」「歴史文学」で定評がある。この手法は一九六六年の『戦艦武蔵』からスタートし、翌年発表の『高熱隧道』で新境地を拓いたと、自身が『精神的季節』（一九七二）に書いている。佐藤組から資料の提供と取材の便宜を受け、「黒三」建設当時と同じような環境の現場に入って、高温の温泉湧出地帯を掘り進んだ日電や佐藤組の所長や現場監督などの関係者から聞き取りを行い、その歴史的挑戦を主題に作品化した。ヒト・モノ・カネ、そしてイノチまでも総動員してダムを完成させようとする狂気は、国民を戦争に駆り立てる政治的社会的圧力と相似形で、そこに読者を飲み込む説得力がある。

事実に基づいて書かれるから記録文学とされるのだが、多くの人はこれを事実、または事実に近いものとして読む。だが、記録文学はあくまで小説、フィクションである。吉村昭は難工事でたくさんの犠牲者が出たことは記すが、その中に朝鮮人が多く含まれるという事実には一切触れない。これについては、新田次郎との対談（『波』新潮社一九七〇年5・6号）で、次のように話す。「この工事に従事した労働者の半ば以上は朝鮮のヒトですが、強靭な体力を駆使してついにトンネル貫通を果たした。今の考え方からすると、朝鮮の人を労働者に使ったというと虐使したのではないかと考えがちですが、事実は比較にならないほど高い給与が魅力となった。ともかく朝鮮の人と書くと主題が妙にねじれてしまう恐れがあるので、ただ労務者という形で押し通しました。また自分の主題を明確にするためフィクションとして書きました」。そして、「私は主題の足を引っ張るような要素は容赦なく捨てて、主題を生かす事実だけを使っています」。「事実とは異なっていても、私の小説に関するかぎりそれが真実なのです」と続ける。戦時下、電源開発、難工事といったシチュエーションで、植民地からの労働者というのは欠くことのできないファクターだと思われるが、『高熱隧道』については朝鮮人が存在しないことが彼の主題を明確にすると断言する。

記録文学や歴史小説はドキュメンタリーのようにとらえられがちで、すべて事実と思って読む人も珍しくない。吉村昭の作品は現場にいた人の証言が活かされていて迫真感がある。それでも、小説は小説である。制作意図に沿わないことは省かれ、作者が紡いだ構成のなかで場面に合わせて会話が創られるにもかかわらず、文字になっていることが真実だと思わされてしまう。そして、「記録文学」として評価が高いがゆえに、ストーリーに不要だとして省かれた、実在した朝鮮人の存在が消されてしまった。

小説『高熱隧道』に戻ると、確かに小説のほうが「事実」より「真実」らしい。巨匠には脱帽するしかない。一九九〇年前後に取材したときには、宇奈月町や「黒三」の現場で働いていた日本人は朝鮮人のことを覚えていた。その折、自分の記憶を小説によって上書きしていた人もいた。そればかりか、富山新聞社の『越中の群像』における「高熱トンネルと〝黒三〟建設」の文章や『富山県警察史』、『黒部川のあゆみ資料編』（一九七八年　建設省北陸地方建設局）等の半ば公的記録といえるものまで小説を事実として

〝複写〟している。それほど小説『高熱隧道』の影響は大きい。

吉村昭が対談で語っている朝鮮人を書かないという理由だが、私には後付けのように思われる。私の理解はこうである。吉村昭の「記録文学」の手法では、当事者への直接の取材が必須である。だが、取材しようにも、大多数は戦後すぐに故郷に帰ってしまって話を聞くことができない。例え小説といえども、いかに吉村昭であっても取材なしでは書けなかったのではないか。こうして、吉村昭の意図がどうであれ、多くの読者は、朝鮮人は存在しなかったと思っているのだ。

町史にも不記載

吉村昭の小説だけでなく、『宇奈月町史』にも朝鮮人の存在は記されていない。電源開発の現場で働き、多くの犠牲者を出した朝鮮人のことを町史に記すことができなかったと、執筆を担当した歴史家のひとりから自らの責任を問う声を聞いた。当時の町当局は吉村昭が危惧したと同じように植民地出身者への差別や虐待といったネガティブな事実を問われることを恐れたのだろうか。理由や経緯はわからないし、誰かが指示したのかもしれない。ダムの完成から八〇年を超えた現在、歴史の事実、朝鮮人の存在が地域の人たちの記憶からも消えようとしている。山田胖の名が功労者として残るのであれば、高熱隧道を掘り、「黒三」ダムを完成させた朝鮮人労働者の存在も記されてもよいのではないか。「朝鮮人がいなければ、高熱隧道は完成しなかった」と言いながらその事実を記さないのは、差別ではないか。命の危険を冒して工事に挑んだ朝鮮人たちがこのことを知ったなら、地団太踏んで悔しがるに違いない。

朝鮮人とその家族が宇奈月で暮らし、黒部奥山で働き、実在した証拠文書のようなものはある。戸籍も残ると思われるし、一九四〇年には国勢調査などもあった。政府による各種調査報告もあれば、新聞記事もある。また、最近のことだが、宇奈月小学校（当時は内山小学校）が閉校になるときの記念誌に朝鮮人の卒業生の名前があることを教えてもらった。実際見ると、朝鮮人飯場頭の子どもたちの名前もあった。昭和一四年卒業―金春子、昭和一五年―孫秀栄、昭和一六年卒業―金錫俊。創氏改名した日本名ではなく、朝鮮名で卒業生として名前が載り、集合写真もある。期せずして準公的文書が存在を証明している。

記憶は、一時のものであり、記録しなければ時間の経過とともに消える。事実を残すには記録しなければならないが、地域の記憶を記したのが町史である。日本人とともに朝鮮人が暮らしていた事実は大切な地域の記憶の一つであろう。いいことも悪いことも、宇奈月という地域の記憶を記録して残すことで、宇奈月の歴史が次の世代に受け継がれ、未来が拓かれる。

2　和田城志『剱沢幻視行』

手紙

三〇年前のことだが、『黒部・底方の声』の出版後、出版社の「読者感想ハガキ」に加えて、多数の書評と手紙をもらった。記述に即した率直な感想に加えて、専門的な意見もあり、また体験を交えた報告のようなものもあって、初めて知ることも多かった。あまりの不勉強に身のすくむ思いで、『底方のこだま』

という反響編を作製した。

その中に、和田城志《せいし》さんというアルピニストからの手紙があった。

「吉村昭の小説を読んで私も同様（朝鮮人の労働者がいたこと）の疑問を持っていました。私の予想どおりの悲惨なドラマがあったことを知り、興奮しました」と書き始めている。「戦時色の濃い時代に、エリートの学生のアルピニズムの舞台として、片や圧迫に苦しむ生活者の現場として雪黒部が存在したことに驚きを持っていました」。『高熱隧道』を読んだとき朝鮮人労働者の存在を確信していたが、そのことが証された…と続ける。「厳寒の風雪に遊び、遭難死する若者と、灼熱地獄に働き事故死する異邦人、不思議な世の中ですね」と結び、短歌を添えていた。


シンシンと木霊も眠る冬黒部　雪下闇に恨のざわめき

手紙を受け取ってから二〇年も過ぎた二〇一三年の秋の終わり、和田さんからこれが最後の黒部峡谷行きなので、その帰りに会いたいと連絡があり、会ってあれこれ話を聞いた。私の記憶には、パキスタンのクンヤン・キッシュで雪崩にあった山仲間の遺体を荼毘に付し、お骨を日本に持ち帰ったという話が残っている。遺体回収は簡単ではなく、火葬の習慣のないイスラム教の地で荼毘に必要な希少な木材集めにも難儀したと。それはわかるが、なんでそんな話を初対面の私に長々とするのだろうと思って聞いていた。その理由は、やがて出版された『剱岳幻視行　山恋いの記』を読んでわかった。友人も朝鮮人労働者も、ともに異郷で雪崩にあって命を落としたからだった。

会ったときには知らなかったが、和田さんは厳冬期の剱岳や剱沢大滝を極めた数々の記録をもち、海外でもヒマラヤ、カンチェンジュンガ、ナンガパルパットなどを踏破した、その世界では有名な人だった。そして、彼の登山人生に転機をもたらしたのは、冬の立山山頂雄山神社の石垣下からの転落だった。このとき全身打撲で右膝じん帯を損傷、八ヵ月間もの闘病生活を余儀なくされ、一度は登山人生をあきらめた。それ故、黒部峡谷には格別の思い入れがあるという。

いつかまた、和田さんと話したいと思っていた私は、六年後の二〇一九年の暮れ、奈良県柏原市に和田さんを訪ねた。

私は、かねがね、雪崩事故にあってすんでのことで命が助かったのに、なぜもっと安全な所で働こうとはしないのだろうか、また、かつて遭難した山に再挑戦するアルピニストはいるがそれはなぜなのだろうか、と思っていた。和田さんが「電源開発で働き非業の死を遂げる者とアルピニズムという極道の果てに命を落とす者。黒部峡谷はこの両者を呑み込んだ」と書いていたので、このことを尋ねた。「人は自分の生業であると思えば、どんな3Kの工事場であっても逃げないものだ。アルピニズムもそういうものだ」と答えた。アルピニストにとって登山は生業なのか、生業とは、命を掛けても挑戦し、達成しなければならない究極のルーティーンだとでもいうのだろうか。疑問は深まった。

事故のあった同じ現場で働き続けることについては、書いている当初から疑問に思い、出版後にその答えを求めて志合谷雪崩事故で助かった人を訪ねたことがあった。戦後、宇奈月で旅館の経営者となり、志合谷雪崩事故関連の取材ではなくてはならない人だった。だが、「高齢になった夫に何度も話を聞いて苦しめないでほしい」と出迎えたその人の奥さんに言われ、気持ちが察せられてすごすごと帰った。しばらくして同じ人を取材した記事を見て、取材をあきらめた自分を責めた。それにしても、事実、人はいかに危険であっても、発破を仕掛け、荒れた海で操業し、凍てついた雪山に登る。暗黒の極地を犬ぞりで目指す人もいる。朝鮮の人たち（日本人も同数以上いた）も、和田さんが書くように、厳冬の氷雪の谷間で半年間もトンネルを掘る暮らしであっても生業というものだと納得したのであろうか。戦時であれば、法律で決められ、同調圧力もあり、戦地に赴く人を思えば、仕事や働く場所を選ぶことはできなかったのだろう。いわんや、植民地から来た人たちをやである。

登山ブームと健民運動

それにしても、戦争中に登山を楽しんでいた人たちがいたとは驚きであった。ましてや、それが優れた兵士を作るために推奨されていたとは。

大正期から始まった登山ブームでは一五年戦争下の北アルプスもまたその舞台となっていた。新聞を繰ると、冠松次郎など初期の探検家の著作が広まり、大学登山部などの学生がさかんに黒部・立山に入るようになり、それまで禁止されていた女性の立山登山なども報じられている。冬季の黒部峡谷は雪に埋もれて交通手段がなかったが、立山山麓では登山やスキーが盛んに行われていた。

一九三七年七月七日に盧溝橋で日中両軍が衝突、戦争が本格化した。その八月には国民精神総動員運動（自己を犠牲にして国に尽くす国民の精神「滅私奉公」を推進する運動）が始まった。藤野豊著『強制された健康』によると、一九三八年には厚生省が設置されて、「厚生運動」が開始された。「国民を人的資源として活用するため、・・・国民には健康と強靭な体力・精神力の持ち主であることを義務付け」、国民の余暇を「健民運動」として体力増強と思想強化に活用していくことを国は決めた。それにより、富山県は一九三四年に中部山岳国立公園に指定された黒部峡谷と立山連峰を心身修練の場と定めた。当時の新聞や統計書を見ると、小中学校や青年学校では立山登山や弥陀ヶ原でのスキー講習などが実施され、立山は信仰の対象から青少年の心身鍛錬の場となっていったことがわかる。

黒部奥山の谷底では朝鮮人労働者が発電所を造り、谷の東、標高二千メートルの立山弥陀ヶ原では小国民（年少の皇国民）や青年が強い皇軍兵士と成るべく修練に励んでいた。いずれも戦争のためであった。この時期、朝鮮人に対しては皇民化教育を徹底し、一九三八年に陸軍特別志願兵制度、一九四三年に海軍特別志願兵制度、一九四四年には徴兵制度を開始した。あらゆる資源を活用し、「内鮮一体」となってすべての「臣民」が人的資源として戦争に注ぎ込まれていった。

古来立山は信仰の山として登坂者を集め、越中男児の通過儀礼の場でもあった。明治期になって測量や探検が行われ、やがてウエストンなどの外国人が登山に訪れるようになり、大正後期から昭和初期に登山者が急速に増えて「登山ブーム」が起きた。この背景には登山道や山小屋の整備、案内書などの刊行による利便性の向上があったが、それには大正期の「皇族の登山」が貢献した。皇族の登山には新聞記者が同行してその様子が口々紙面で詳細に報じられ、皇室と登山双方への関心を促した。そこへ一九三四年に国立公園の指定があり、郷土の誇りを涵養し、先に書いたように教育の一環として学校登山も盛んになっていた。

二〇一七年（平成二九）、立山博物館で特別企画展『宮様山へ―大正期登山ブームのなかの皇族登山』が開催された。その展示解説書に登山史研究家・布川欣一氏による「大正登山ブームと皇族登山」の一文がある。「健民運動」にこそ言及していないが、皇族登山が大衆登山への嚆矢となるにはマスコミの影響が大きかったことを詳細に記し、天皇制との関わりを示す。すなわち、登山は体力増強と皇民思想強化のために活用され、皇軍兵士錬成の機会となっていたのだ。

昭和に入って、黒部川電源開発では一九二七年に大谷でホウ雪崩事故があり、三五人が犠牲になった。登山でも同様に雪崩の危険がある。『富山県史』によれば一九三〇年の正月、侍従の子息他三名と案内人の六名が弘法小屋から劔沢小屋一体でスキーを楽しんでいたが、雪崩で頑強な劔沢小屋が倒壊、六名が亡くなった。黒部の底方で黙々と難工事に携わる朝鮮人労働者と、対照的に登山を楽しむ皇族やエリート学生がいた。これもまた戦前の日本山岳史を象徴する構図といえる。

アルピニストと朝鮮人労働者

和田さんは、『高熱隧道』を読んだときに朝鮮人労働者が出てこないことをおかしいと思ったという。それで、冠松次郎の書籍や学生のパーティーの登山記録などを読み返してみて、登山中の緊急避難で飯場に立ち寄り、朝鮮人と出会っている例をみつけた。

以下は和田さんの未発表の著作『黒部幻視考―登山史詩抄』からの長い引用である。

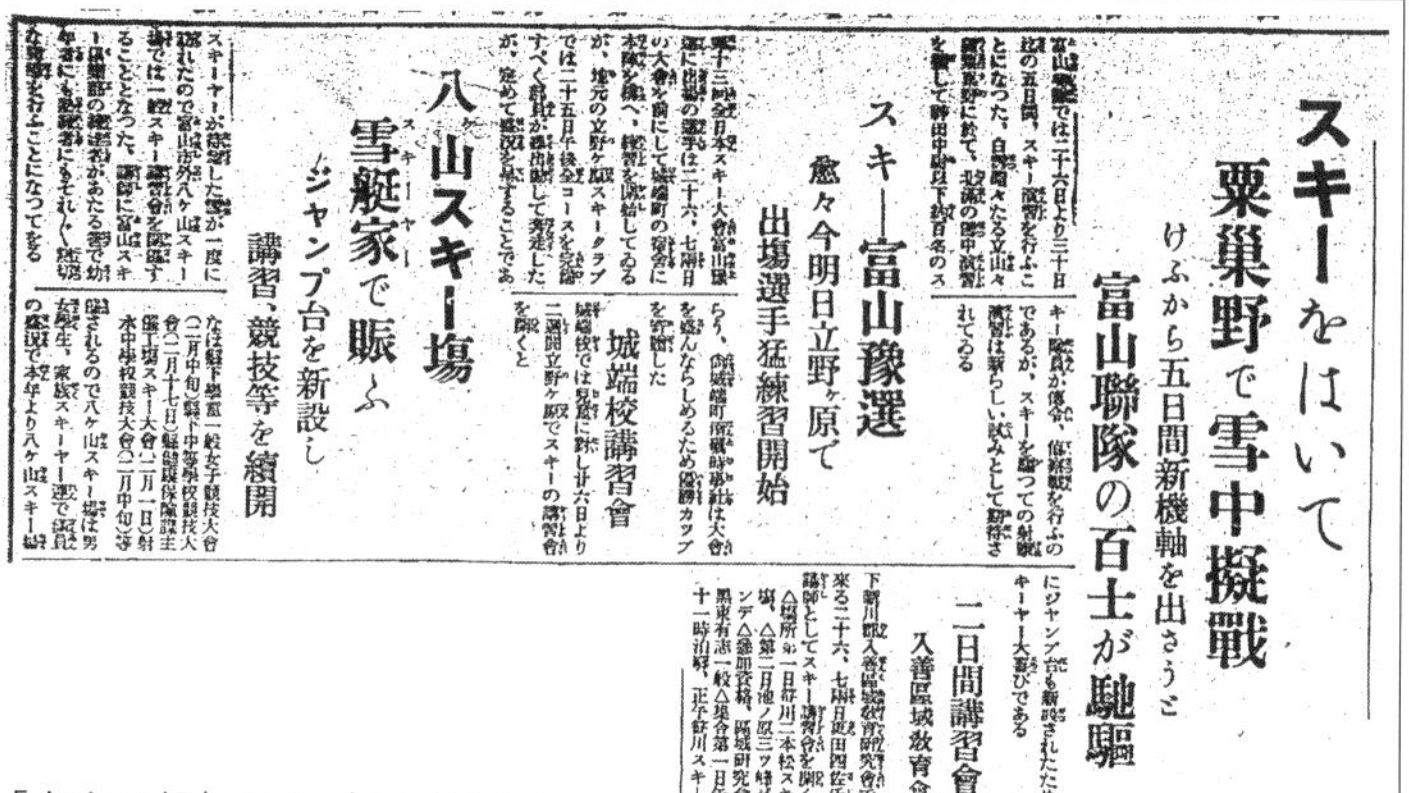

「富山日報」1935年1月26日

冠松次郎は一九二八年一〇月、野口作次郎を案内に毛勝山を越えて小黒部谷に入り、川沿いに宇奈月に下った。秋深い紅葉の谷の夕まぐれ、「暮色は蒼然として、山峡から夕霞が川面に叢り、森林の下には夕闇がにじみ込んでゐる」。仕方なく、ウド谷の飯場に一夜を請うた。「然し入ってみると驚いたのは、そこには日本人は一人もゐず、朝鮮人ばかりの飯場で、五六十人の者が寝泊りしてゐるのでした。私等は少したじろいだのですが、外はもう咫尺《しせき》を辨じない程の暗がりですから、思ひ切って飯場の一隅に荷を下ろして、そこに一夜を明かすことにしました。（中略）日本の深い谷の奥で、朝鮮の人の好意で僅かに雨露を凌いだなどは、全く意想外の喜劇でした」（『劍岳』第一書房、一九二九年）

和田さんは、「意想外の喜劇という言葉には無意識の悪意が潜んでいるように感じられ」、また「思い切ってという言葉が象徴的」に冠の心のうちにあるものがにじみ出ていると指摘する。さすがそれに気づいた冠は、『山渓記』第三巻（一九六八年）では「意想外の喜劇でした」を「私の一つ話である」に書き換えたという。

なぜ、冠松次郎はたじろいだのか。関東大災で朝鮮人虐殺が起きた一九二三年には富山県内で働く朝鮮人労働者はすでに三〇〇〇名を超えていた。頻繁に黒部峡谷を訪れ、工事場の傍を通れば日本人とはなにかしら異なるその存在に気づいていたはずだ。しかも、まさかいつもなら意を介することもない朝鮮人に一夜の宿を「乞う」とは思ってもみないことだったのであろう。そこに感謝はあったのか。

和田さんは続ける。一九三八年一二月、志合谷でホウ雪崩事故があった。翌年の三月、旧制大阪商科大学と関西大学の両山岳部が雪の黒部を横断した。いずれの山岳部も飯場で世話になっているが、朝鮮人にはコメントしていない。商大のほうは「出合の人見平には日電の大きな飯場が出来ており、積雪期にも、勿論下界とは隔絶しているが、相当の人が働いている。これは全く思いがけなかった」と書いている。関西大学も飯場で世話になったが、そこに朝鮮人がいたとは書いていない。事実だから書けばいいじゃないか、書かないのはそこになにか書けない理由があり、それは無視であり、差別意識があるからだろうと、和田さんは言いたいのだろう。

和田さんはこの話を『積雪期黒部横断研究』(岳人五〇〇号、一九八九年)に書いているという(私は読んでいない)。ダム建設のためであれ、軌道や隧道が黒部の奥地へと造られて開発が進めば、登山者はそれを利用し、新しい登山ルートを拓き、記録も更新される。山に暮らし、糧を得る場としている人たちへのリスペクトと共存、それがアルピニズムだが、学生山岳部にはそれらがなかったと和田さんはいいたいのだ。

歴史から消える朝鮮人

宇奈月の町史など公式の地域史に朝鮮人の存在が書かれていない。理由はいろいろ考えられる。一つは、和田さんが書いているように、リスペクトがないこと。日本近代史において、朝鮮人が鉱山や炭鉱から土木工事の現場まで、ツルハシとスコップとダイナマイトを手に最底辺で働いたのは紛れもない事実である。そうした植民地の労働者を酷使した事実を問題にされたくないために、存在や事実を否定したり、隠した。それを記録に残さないのは差別であり、リスペクト=人権の尊重や仕事への感謝がないからだと私も思う。

日本では、一九九〇年代後半から「歴史修正主義」なるものが台頭してきた。学術的に歴史的事実とされていることを、ある種の考えや思想をもって否定し、思想に合わせて都合よく作ったあらたな「事実」で上書きする歴史観を、「歴史修正主義」という。修正の意味は正しく直すということであるが、実際には、天皇中心の政治思想＝皇国史観によって過去の植民地支配や戦争を肯定し、歴史を捏造することである。植民地朝鮮を近代化した、東南アジアへの侵攻によって欧米列強の支配から解放した、南京事件はなかった、日本軍「慰安婦」はいなかった、など加害の歴史を無視し、否定する。また、植民地責任や戦争責任を問う歴史認識を「自虐史観」として批判する。事実に基づいて反省し、憲法の前文に則り平和な未来を志向する歴史認識のどこが自らを貶めることになるのだろう。

黒部電源開発でたくさんの朝鮮人が働き、家族が宇奈月町で暮らしていたという事実は、地域史に記録しないことで、年月の経過とともに、また住民の世代が変ることで、いま消えようとしている。これは宇奈月町だけでなく、全国の同様の歴史をもつ地域で起きている。さらに、すでにある記念碑や追悼碑などを公共の空間から排除しようという動きもある。負の歴史をわざわざ書き残すことはないと考えたかどうかはわからないが、こうした地域史における事実の不記載＝抹消は、地方における保守政治のもつ政治思想と一体になって、歴史修正主義という国全体の思想運動に回収されている。さらに、国政においても戦争を体験していない世代の国会議員によって歴史的事実が否定されている。二〇二一年四月に、日本軍「慰安婦」問題や強制連行問題で、「従軍慰安婦」ではなく「慰安婦」を使うように、また「強制連行」を使わないように教科書の記述を変えるように閣議で決定したことはその一つの動きである。その一方で、呂野用墓や萬霊の塔というような構造物から歴史を学ぼうという市民の動きがあるのも事実である。

朝鮮人労働者という影の存在

清水弘さんは聞き取りのときに、話者の記憶と『高熱隧道』の記述が異なると知らされたことがあると書いている。著名な小説によって自らの記憶を疑ったり上書きすることはありうることで、すぐれた文学とはそれほど読者に大きな影響を与えるものであり、公の文書に用いられることもある。現実にあった出来事を扱う歴史文学では、ノンフィクションとの境界が曖昧になりやすいうえに、読者は事実より真実を求める。さらにいえば、「黒三」ダムは戦争や雪崩事故、植民地の人々といった一見ネガティブな要素を持ち、『黒部の太陽』で有名になった「黒四」ダムの影になってしまいがちだ。だが、歴史を省みるとき、影にこそ学ぶべき真実が存在する。

吉村昭は『精神的季節』で、高熱隧道の工事に携わった人々に対して、「一生の間にそれほど印象深い仕事を持ち得たそれらの人々は、人間として最も幸せな人々だといっていい」と書く。だが、それらの人々とは日電や佐藤組の所長や監督であって、「黒三」建設に動員された延べ二八〇万人の労働者ではない。実際、現場労働者は自然を征服しようとする主人公たちの壮大な挑戦の素材として描かれている。現場所長が切り端のダイナマイト事故でバラバラになった遺体を集めて整える場面がある。労働者たちが騒ぎ出して工事が中断されないように、黙々と作業を続ける所長の苦悩は描くが、事故で死傷する労働者の心情には触れない。労働者は描かれる対象ですらないのだ。記録をもとに、吉村昭はテーマに合わせてストーリーを構想し、聞き取りと入念な資料の読み込みにより、事故のディーテイルと所長の心理だけを描写する。主題は、大自然に挑む日電社員や所長・現場監督にあって、死を強いられる労働者にはない。主題の展開のための素材は必要だが、属性や意思をもつ存在としてではなく、顔や名前のない「人夫」としてだ。

「人夫たちは、同僚が死体になっても悲しむことしか知らないようにみえる。その死が、なぜ起こったのかという詮索に、かれらは怠惰だし、それに工事には死はつきものだという長い間培われてきた諦めが、かれらの眠りをよびさまさないでいるのだ」と吉村昭は書く。だが、労働者の主体性を奪うような表現はどうなのだろう。事故が起これば命を失うこともあり、家族が困ることを一番よくわかっているのは労働者自身だ。だから、見舞金や葬儀料を要求し、安全な労働環境を整備するように抗議した。しかし、戦争のためだから、国策事業だからと、大事故で大きな犠牲を出しても直後に工事を継続するように陰に陽に圧力がかけられ、運よく生き残っても逃げ出すこともできず、黙々と工事に就くしかなかったのだ。

三〇年以上も前のことだが、「実在したのに、なぜ朝鮮人労働者を書かなかったのか」と吉村昭に手紙を送った知人がいる。何度出しても返事がないので予告して訪問したが、門を閉められ相手にされなかったと話していた。話ができたにしても、「朝鮮人が働いていたことは知っている。テーマにとって必要ではないから書かなかっただけだ。それがどうした」と吉村昭は言ったであろう。労働者の国籍を書けば書いたで説明が要る。それでは話が複雑になり、表現したいテーマが薄れる。他にも、資料がなかった、取材できない、書くとまずいことがある、書かない約束だったなどが考えられるが、本当のところは謎である。吉村昭は、大自然や国家プロジェクトに関心があっても、影の存在である労働者には関心がないのであろう。

吉村昭の考えを批判はできるが、小説『高熱隧道』を変えることはできない。だが、生きている私たちの考えを変えることはできる。峡谷の電源開発で多くの労働者が犠牲になった。日本人もいれば、朝鮮人もいた。過去にはそうした犠牲者を悼み、慰霊してきた電力会社や建設会社もあった。この谷を父親の墓だと思っている金鍾旭さんもいた。峡谷で働く朝鮮人たちは、よい仕事をしようと努力し、家族を養い、自分の命を守るために労働条件を交渉し、自分たちの尊厳を保ってきた。そうした人たちが町の一員となって町は栄えた。記憶を記録しなければ、人間は忘れる。日本の敗戦で故郷に帰ったにしても、存在したという事実を埋れさせてはならない。

二章でも書いたが、近年ダークツーリズムといわれるものが提唱されている。負の歴史を無視するのでもなく、隠すのでもなく、そこを起点として新しい歴史観や人間関係の再構築をめざす。関電は社員に、黒部市は地域の人たちに、そして旅行客に、「黒四」ばかりでなく、「黒三」の事実を伝えてはどうだろう。町の歴史、住民の奮闘のストーリーこそ観光資源になる時代だ。

ホウ雪崩研究者の困惑

ホウ雪崩研究の第一人者である清水弘さんは、吉村昭の作品について、『真説高熱隧道—なだれ災害の姿は雪崩本体の反映である—』を書いている。手製の二〇頁のものだが、『高熱隧道』の雪崩関連の記述があるページをコピーして綴じ、問題のある記述にオレンジ色のマーカーを付して、手書きで直接意見や科学的な考察を加えている。(一章三四頁参照) 取材は、佐藤工業の監督や事務所長、工事関係者、雪崩経験者など二〇名以上におよび、さらに当時の新聞記事を集めて比較し、志合谷ホウ雪崩研究の成果も加えての論考だが、文学への理解を示しながらも科学者の立場から批判している。「ひと言でいえば、『高熱隧道』が読者に与える影響は、すでに『小説』(フィクション) の域を脱している。(これが困る)」と。

臼井吉見は「この作品 (『高熱隧道』) の第一の手柄は、伝えられずに消えていきそうな歴史の事実を掘りだしたことである。北アルプスの地下発電所クロヨンが出現するためには、どんな壮絶な前史があったか、人間が全能力をあげて自然に挑んだ苦闘のなかに、どんな巨大な悲劇が隠されていたかを描きつくして余すところがない。『戦艦武蔵』に続く記録文学である…」と書いている。これに対して、清水さんは、吉村昭以前に一般に伝える記録はなかったという点で臼井の評価は正しいが、「読者に雪崩の理解や認識を誤らせている。このような誤記述を含む作品は、『記録文学』としての価値を問い直さなくてはならない」「吉村昭は佐藤工業が提供しようとした貴重な取材の機会を放棄して、ごく少人数の証言だけに基づいて書きあげた。影響力の大きさを考えると、『高熱隧道』は大きな過失を犯したといわざるを得ない」と手厳しい。さらに、佐藤工業社史の「志合谷に旋風が起り、志合谷冬営飯場は一瞬にして行方不明となった。…同夜の事故が雪崩のためでないことだけは明白であった。…」との記述についても、歴史だけでなく、自然科学に関しても自社の都合や調査不足が原因の書き換えや誤記があってはいけないとクギをさしている。

3　黒部ゴルト

風間サチコ展「コンクリート組曲」

二〇一九年の夏の終わり、一通の封書が届いた。中には展覧会「風間サチコ展―コンクリート組曲―」

の入場チケットが入っていた。手紙は黒部市美術館の学芸員・尺戸智佳子さんからで、「この度、風間サチコさん（東京都在住）という作家の版画作品の展覧会を開催いたします。」と書き始められていた。

新作は、黒部の電源開発史を軸として、それにワーグナーの楽劇『ニーベルングの指輪』四部作の「序夜」にあたる「ラインの黄金」の神々の物語を重ねて、独自の物語世界を創造するものです。「人は神になれるのか?」ということをテーマにした普遍的な作品となる予定です。

加えて、「黒三」ダム建設の偉業が称えられるに影に犠牲になった朝鮮人労働者の存在があること、アスワンハイダムの建設ではアブシンベル神殿を中心とするヌビア遺跡群移設が脚光を浴びたが、その影にダムに沈んだ村の人々の移住があったこと、その二つのイメージを重ね合わせたと書かれていた。風間さんがどのように『黒部・底方の声』と出会ったか、事実をどうとらえ、何を作ったのか、早く作品に会いたくて、すぐに電話してチケットのお礼とオープニングセレモニーへの参加を告げた。

二〇一九年秋、日本列島は週末三週にわたり大きな台風に見舞われた。展覧会初日の一〇月一二日は台風一九号で午後から風がひどくなるとの予報が出て、前日にセレモニーは中止との連絡を受けていた。午後に富山市内で用事があり、午前中の早い時間に作品を見ようと朝食もそこそこに家を出た。五〇分後、風に押されるように黒部市美術館に飛び込んだ。なんと、私は一人目の入館者で、風間さんに両手で迎えられた。名前を告げるとたいへんに喜んでもらえて、それから三、四〇分間だろうか、たっぷり作品の説明を受けた。後から聞いたのだが、風があまりにひどいので誰も来ないだろうと思っていたそうだ。

メインに据えられている「ディスリンピック２６８０」（木版画、和紙、油性インク）は、高さ二メートル四〇センチ、幅六メートル四〇センチもあり、一〇畳半にもなる巨大な作品だ。小さな版木（六一×九一・五センチメートル）二八枚に彫り、それらをバレンで一枚一枚刷り合わせていったという。（ちなみにこの作品はＭＯＭＡに収蔵されている）「２６８０」は紀元二六〇〇年（西暦一九四〇年）から八〇年後の二度目の東京オリンピックの年、二〇二〇年である。風間さんは、オリンピックを「生命の統制と新世界建設」として批判する。オリンピックに象徴される、体力や能力に優れた者を称賛する祭典は、必然的に望ましい人間の生命とそうではないものを選別し、生まれてほしくない生命や弱者を排除してもよいとする優生思想を肯定するということが理由だ。

そうした風間さんの思想が一枚の版画に集約されている。風間さんは沢山の資料や本を読み込み、一旦自分の言葉にして、さらにそれを表象に変え、彫るという作業を経て、和紙に刷って表現するという。「資料を読んでいると、降りてくるの…」。論理的で明快な言葉とイメージが結合して脳裏に浮かぶという。それをスケッチして、ノミで版木に彫り込む。風間さんの思想は、脳と指が一体となって創られ、彫刻刀の刃先でさらに鍛えられる。思想家はペン、美術家は彫刻刀で思想を表現する。

尺度さんと鑑賞者がディスリンピック2680を見ている写真

「黙殺」された朝鮮人労働者

「クロベゴルト」（黒部の黄金）と名付けられたのは、黒部川電源開発を象徴する七つの作品群である。それとは別に、「黒三」建設を影で支えた朝鮮人労働者に焦点をあてた「ゲートピアNo.3」がある。通常の展示会場のなかほどに会場をふたつに仕切るように設えた壁面がある。近代化を象徴する電源開発だが、その「影」には、破壊された自然やダムに沈んだ村、酷使された労働者の存在がある。「額装の版画は、小神殿をモチーフとし、オリジナルの王と王女の六体の像は、死と隣り合わせの断崖を歩いた歩荷《ぼっか》の男女、ツルハシやスコップを担いだ作業員、削岩機を持った男、ダイナマイトをもった朝鮮人に置き換えられている」と解説にある。

版画の壁面の裏側には版木が配置されている。版木は「影」の存在でありながら版画が存在するためには絶対に必要なものである。だが、物語では語られず、史実が消されたことを表現するために、風間さんは版木から朝鮮人を削り取り、それを「黙殺」という鋭い言葉で表現した。物語とは、小説『高熱隧道』である。どんなに有名な建物でもデザイナーや建設会社、施主についての記録や逸話は残るが、現場の労働者については稀である。この著名な小説には、施行する建設会社や監督はくっきりと描かれるが、影の存在である朝鮮人労働者は書かれていない。小説はフィクションだから書く必要がなければ書かなくてもいいが、読者は物語を事実と思ってしまう。小説が超有名であるがゆえに、影の存在は忘却の彼方に押しやられようとしている。

ときが経ち、黒部川流域の人たちのほとんどが戦後生まれとなり、史実が忘れられ、朝鮮人の存在はなかったことになろうとしている。子どもたちは、電源開発は学んでも、朝鮮人労働者がいたことも、その子どもたちが村の子どもたちと机を並べていたことも、知る機会はないだろう。また、昨今の外交問題のもつれから、大人たちは、幾多の朝鮮人たちが峡谷で働いていたことを、知られたくない不都合なことと考えているのかもしれない。風間さんは、「よそ者」だから可視化できたのではないか。

版木から削り取る着想

風間さんは、版木の朝鮮人労働者を削り取るという方法で、朝鮮人労働者を黙殺し、存在を消した黒部川の歴史を表現した。一旦彫り込んだ朝鮮人労働者を版木から削ってしまえば、その瞬間から不可逆的に刷り出しはできない。こうした着想をどのように得たのであろう。翌年二月に予定された風間さんの作品展に行って話を聞くつもりでいたら、なんと、コロナ感染が始まり、半年以上過ぎても東京に行くことはできなかった。すでに時間が経っていたので電話でのインタビューをお願いした。

展覧会から一年後の九月二九日の夜だった。

風間サチコ〈ゲートピアNo.3〉（版画部分）
2019年、木版画（和紙、油性インク、額）、60.5×91.5㎝

初めて黒部ダムを訪れたのは二〇一八年一一月末で、すでに雪が積もっていました。そこはプロジェクトXで見たキラキラした世界ではなく、時間が止まったような灰色のコンクリートの世界でした。そこで、「黒四」があるということは一から三もあるということに気づきました。それから、いつものように基本のきから調べるために世田谷中央図書館に行き、『黒部・底方の声』と出会ったんです。なんで朝鮮から黒部の奥山に来て、命を落とすような仕事をしたんだ？英雄物語としての「黒四」にはない〝グサッと心にクサビを打つような真実〟が、「黒三」にはあると感じました。戦争のために人命を無視して造られた「黒三」は、高度成長の基礎となった「黒四」の「影」に隠されていました。美術家としては、作品で現代批判をしなければならない。いかに表現するかが私の課題でした。

　刷った版木を見せるのは二回目ですが、以前から一つの版木で二つの作品を刷り出すなどの試みもし

風間サチコ〈ゲートピアNo.3〉（版木部分）
2019年、版木、60.5×91.5㎝

てきました。今回は思いを込めて彫ったものを削るということを決めたのはいいのですが、絶望的な気分になり、仲間たちが見守るなかで削りました。自分の手で生み出した「存在を殺す」と思うと鳥肌が立ちました。でも、作品を見た人が朝鮮人の不在に気づいてくれることで、（朝鮮人の）「存在が甦る」と確信しています。

版木に残る影の意味することに気づいてほしいと風間さんは訴える。私は私で、朝鮮人労働者たちを墓場から掘り出そうとしている。墓場から現在に連れてきて、対話したいと訴える。何も語らなければ存在しなかったことになるのだから、影の声を聴こう。

最後にエピソードをひとつ。オペラ「ニュルンベルクのマイスタージンガー」の一部分を聴くことはあっても、『ニーベルングの指輪』のストーリーを知らない人は多いのではないか。私も風間さんによってはじめて知ることとなったが、その数か月後のことである。たまたま『富山県史現代編』を見ていて、「戦時下の教育と文化」に原作の『ニューベルンゲンの歌』（翻訳者によって題が異なる）を中世語から直接日本語に翻訳したのが旧宇奈月町出身のドイツ語学者・雪山俊夫氏だと知った。風間作品「黒部ゴルト」の二番目は「ローレライ」だが、猫又の堰堤に立つローレライが描かれる。ローレライは『ニーベルングの指輪』に出てくるライン川の水の精である。黒部川を上流へと遡ってライン川を着想した風間さんの感性はスゴイ！とあらためて思った。

4　川の吐息　海のため息

黒部川のヘドロ

二〇二〇年の梅雨は八月に入っても明けなかった。その日、富山平野は快晴だったが、空気はまだ湿気を帯びていた。いくつかの用事のために宇奈月へと車を走らせたが、内山あたりに来ると川霧が立っていた。近づくにつれて空が曇り、空気が重く感じられた。温泉街の本屋に入り、顔見知りの女主人と「コロナで観光客がこなくて閑散としている」などと話をしていると、「昨日から連携通砂で、やはり少し匂っていて…」と続いた。それが、空気の重い原因だとわかった。

その冬、温泉街から少し上流にある宇奈月ダムの見学会に行った。宇奈月ダムは国土交通省直轄で、二〇〇一年に完成した。これによって一九二七年に完成した柳川原発電所はダム湖に沈み、あらたに新柳川原発電所ができた。堰堤の上でそうした説明板を読んでいると、女性が孫と思しき男の子に話を聞かせている、「ダムが泥を流すと臭いでしょ。ここから流れてくるんだよ」と。いまも連携排砂でヘドロ状のものが流れているのかと驚いた。連携排砂というのは、毎年雨量の多い梅雨などの時期に上流にある出し平ダムと宇奈月ダムの排砂ゲートを同時に開き、二つのダムから湖底にたまった土砂を流すことだが、さら

宇奈月ダム排砂ゲートから勢いよく吐き出される底水

にゲートを開いて連携通砂を行って流し切る。これで過去にあったようなヘドロ被害はなくなったのだとばかり思っていた。

ふつう、ダムは上流からの土砂がどんなに流れ込んでも一〇〇年間は持つように計算して設計されている。しかし、上流での崩壊がひどい黒部川では短期間でダムが埋まり、発電や利水、洪水対策などに使えなくなる。そのため、戦後一九八五年に完成した出し平ダムには堤体の左右に排砂ゲートを備えた。排砂ゲートの下まで土砂が堆積した九一年一二月、日本初の排砂実験が行われ、草木などとともにヘドロ化した土砂が下流や沿岸に流れ出し、海底に堆積して漁業被害が生じた。宇奈月ダムが完成した二〇〇一年六月にはこの二つのダムの初の連携排砂が行われた。この年は大量の土砂が排出されるとともに、その後の豪雨で大量のヘドロ化した土砂が海岸から二キロにもわたり堆積した。それで、二〇〇二年一二月に富山県の漁業者が漁業被害の損害賠償とヘドロの回収などを求めて関西電力を提訴した。

当時、私は黒部川ウォッチングという市民グループに参加していた。かつて朝鮮人労働者が電源開発をした黒部川のダムがどうなっているのか、またダムが原因で上流から砂礫が流れてこなくなって、河口の芦崎海岸線が一〇〇メートルも後退したという話を聞いていたので事実を確かめたかったこともある。その頃桂書房という出版社にいたので、裁定の結果を待って記録を残すのではなく、同時進行で本をつくり、裁判に役立てることができないかと考え、書き手を探した。二〇〇七年公害等調整委員会裁定委員会の裁定判決は「出し平ダムの排砂がワカメの生育環境を悪化させたことが原因であったと認めることができ、他方、その余の原告らの刺し網漁業における本件各魚種に係る漁獲量が同排砂の影響によって減少したとの事実を認めることはできない」と下された。加えて、できるだけ環境や生物、漁業に影響を及ぼさ

ないように毎年排砂の時期、手順、量などを黒部川土砂管理協議会が算定して、行うことになった。

そのしばらく前の二〇〇六年、『川の吐息 海のため息』（桂書房）は出版された。市民や公害等調整委員会裁定委員会などに影響を与えたかどうかはわからない。著者の角幡唯輔さんは、現在探検家・著述家として、開高健ノンフィクション賞をはじめ多くの賞を受けているが、当時は朝日新聞富山総局の記者だった。過去の取材記事に加筆したり、漁業者に同行して漁業被害を取材したり、また早稲田大学探検部の時から沢登りが得意とかで、自分の足で黒部川を遡行調査して現場報告を書き、ライブのような文章ができあがってきた。写真もよくて、被害だけでなく、流域や沿岸で漁をする人たちの生業と暮らしが手に取るように描かれていた。さらに、国、企業、専門委員会などを取材、各々の主張や双方が出した各種データを提示し、もともと洪水防止が目的ではなく溜めておく水量が多くないのだから、できるだけ自然流下のような形で常時排砂するのがいいのではないかと角幡さんは提言した。

出版のあと裁判裁定判決も聞きに行って訴えは認められなかったとわかった。それでも私は終わったような気になり、その後はあまり関心を持たずに来ていた。しかし、宇奈月ダムで臭うという会話を聞いたので、連携排砂の記事が出るのを待っていた。

二〇二〇年五月二三日の朝日新聞富山版。

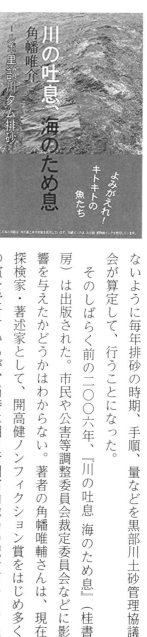

（前略）「第四八回黒部川土砂管理協議会」が開かれた。国交省黒部川河川事務所と関電は宇奈月ダムの排砂ゲートを早いタイミングで開いて固定の土砂が出ていく「自然流下」の時間を長くする新手順などを説明。黒部市、入善町、朝日町の市町長が、新手順を盛り込んだ計画案を評価。一方、流域漁協から「一切同意できない」との厳しい意見が出ていることを踏まえ、「膝を交えた話し合いを」と求めた。（後略）

「流域漁協から…厳しい意見が出ている」とはどういうことだろう。ダムからまだヘドロが出続けていて流域漁民に被害があるのか、以前に流れ出したヘドロがそのまま留まり、沿岸漁業に差支えがあるのか。その後テレビ局なども取材していたが、環境への影響がまだ残っていることがわかった。また、海域西側の魚津漁協の領域でも被害が出ているが、関西電力は県漁連に迷惑料を支払う以外に対応していないということだった。

公共の建造物やダムのような大規模な公共施設などにありがちだが、話が始まったときはいいことずくめだが、事後に環境や生活面で困ることが起きるという事例は少なくない。そのため、昨今は影響を受ける地域の人たちは事前に説明を要求し、場合によっては計画の取りやめを求めることもある。建設中に問題が生じたり、環境を破壊したり、予想とは異なることが起きて当然なのは、高熱隧道を見ればわかる。また、完成したものが時を経て問題を起すこともある。ダムはそうした公共事業のひとつだが、戦前はこうしたことなど考慮せずに造っていたのだろう。

人間にとってなくてはならない電力は、民営化されているとはいえ、政府の強いコントロール下にある。水力発電は戦前に造ったダムなどもメンテナンスを行いながら現役で使用されている。しかし、気象変動で予想を超えた雨が降るとダムがあふれたり、崩壊する恐れがあるのではないか。また、政治がらみで必要性が低いダムが建設され、新たな計画の是非が問われたりしている。火力発電は、温室効果ガス排出量削減のためのパリ協定実現のために「五〇年排出量ゼロ」を掲げるが、対策は遅々として進んでいない。原子力発電は、東日本大震災での原発事故で発電所自体のコントロールができず、大量の放射能を流出した。それればかりか、放射性廃棄物の処理、ウランの管理も人間の能力を越えていることがわかった。自然エネルギーにしても、太陽光発電も風力発電でも、やがて設備そのものを廃棄するときが来るのだから、環境に与える負荷や廃棄費用についてあらかじめ含み込んで算出しておく必要がある。規模が大きければ大きいほど不測の事態が生ずれば、たくさんの人が犠牲になり、環境に負荷をかけるのだから。

戦争中は軍需物資を生産するために、労働者の命を顧みず突貫工事でダム・発電所を造った。そしていま、原子力を基幹エネルギーとする政策を取り、原子力発電所の耐用年数を四〇年から六〇年に長期化して稼働を許し、新設の計画すら進めようとしている。命あっての吐息、ため息である。

朝鮮人労働者と歴史修正主義

第二次大戦時、不足する労働力を補うために植民地・朝鮮の人たちを強制的に動員し、酷使して給料も払っていないなどの事実は日本の司法によって認められたが、多くは日韓条約で解決済みだとして敗訴になり、謝罪も賠償もされていない。納得できない原告は、自国の裁判に訴えて勝訴した。これが二〇一八年の「徴用工裁判」判決である。しかし、これはいまいま起きた話ではなく、「強制連行」と呼ばれ、戦後ずっと両国の「棘」、課題になっているものだ。そのため、朝鮮人や朝鮮人労働者について語ることや書く人は、なにか面倒な人と思われたり、パンドラの箱を開けるのではないかと思われてきた。また、富山県内では、韓国籍や朝鮮籍の人は、本名を名乗ることで受ける悪影響を考え、通名で生活する人が多い。

そうした状況下で、町史への不記載があった。町が生まれた発端は電源開発であり、とくに「黒三」は朝鮮人なくして完成できなかったといわれる。そうであれば、朝鮮人を除いてはなお歴史の事実に欠ける。だが、書いてないことを批判するのは難しい。しかも、それがネガティブな内容をもち、国際関係や政治、人間の命や尊厳に関わることであれば、困難さは増す。電源開発での朝鮮人労働者の存在とはまさにそのようなものである。自分たちにとって不都合な事実を、都合よく作ったあらたな「事実」で上書きすることを歴史修正主義というが、昨今これが学術的に積み上げられた歴史的事実を侵食している。あったことを記録しない、不記載もまた歴史的事実を否定する歴史修正主義と言わざるを得ない。

小説『高熱隧道』は、事実を書かないことで起きる問題を考えるうえでの導きの糸であった。学生登山と谷間で進む「黒三」建設を対比して朝鮮人労働者への差別を考えることは、登山家でなければできないユニークな考察であった。町の人が朝鮮人の存在を語ることを忌避していると知った版画家は、版画を摺り終えてから版木の朝鮮人労働者を削り取った。そして、電気なくしては成り立たない現代社会と電源の問題について考えた。

最後に徴用工問題をめぐって、二つの国の関係は戦後最悪と言われるまでになった。実はそれほど大切なことなのだ。歴史の事実を双方で認め合い、共通の歴史認識を育てることで、平和な未来につなげたい。

あとがき

金泰景さんの戦後の物語を書かなければこの本は完成しないと、直前の四月に済州島を訪問した。思いもかけなかったことに、泰景さんは四・三事件で被害にあい、その後の人生は、喜ばしいものではなかった。なぜ?という思いについては二章に書いた。再度行って調査したいが時間も経ち実りある調査ができるかどうかはわからない。いずれにしても植民地支配からの解放を喜ぶ間もなく、軍事的、イデオロギー的対立が朝鮮半島を二つの国へと分断し、四・三事件、朝鮮戦争を起こした。朝鮮戦争はいまだ終わっていない。四・三事件は市民が国の分断に抗うことで始まり、一九五四年まで続いた。従来考えていた以上に日本の植民地責任は重いことを認めなくてはならない。

黒部川電源開発の歴史をたどりながら思ったのは、朝鮮を植民地にしていた戦前と現在の日本の状況は変っていないということだった。とくに朝鮮人差別、労働現場での酷使と搾取、さらに、命と環境への影響を無視して進められた電源開発などがそうだ。

在日コリアンといわれる人たちへの差別事案は、地方参政権がないことをはじめとして、朝鮮学校への補助金不支出、ヘイトクライムなど枚挙にいとまない。さらに、「慰安婦」問題や「徴用工」問題、遺骨返還や流出文化財返還問題など、過去の問題がいまなお両国の懸案になっている。だが、日本政府は加害国であるにもかかわらず尊大な態度を取り続ける。「徴用工」問題では、日本は一九九〇年代や中国に対しては賠償したのに、二〇二三年には解決済みとして謝罪も賠償もせず、韓国政府と韓国企業が出資した財団が代理弁済することを歓迎した。両国政府が政治的な妥協を図ったものだが、国交が回復しても当事者の尊厳は回復されることはなく、記録や博物館などを整備、次世代に教育の機会を図るなどの後続措置も不問にされている。日本人としては恥じいるばかりである。

外国人労働者問題については、人口減少期を迎える日本は、労働力不足解消のためにアジアの国々から技能実習生という形で労働者を受け入れている。超低賃金、日本人であれば違法労働条件で若くて元気のある間だけ働かせる政策は、グローバル時代の労務動員に他ならない。

戦前は国策として人命を無視して水力電源開発を進めた。二〇一一年に福島原発事故で取り返しのつかない事故があったのに、原子力を基幹エネルギーに据え、原発の耐用年数を延長した。人命や施設の耐久性、放射性廃棄物などの課題を放置して原発を再稼働し、次世代原子炉の開発や建設を進めようとしている。

二〇一〇年から昨年まで七〇回ほど、「連続講座『韓国併合一〇〇年』@富山」を仲間たちと開催してきた。富山という地域にこだわり、地域から発信する講座である。隣国との関係をよくし、東アジアの平和を願って、朝鮮・韓国の歴史や文化（食・文学・映画）を学び、交流し、日本の歴史教育や排外的な思想状況（「歴史修正主義」、ヘイトスピーチ）などについて考えてきた。文学や音楽、料理など五感でも楽しんだ。都会のコリアンタウンばかりか朝鮮から受け取った文化を在日の人たちと富山で楽しみ、ネガティブなことばかりではなく、未来に続ける豊かな関係があることにも気づかされた。こうした学びを地域で一〇年以上続けて少しは関係改善が進んだと思いたいが、現実はそうではない。願いとは逆方向に関係が進んでいる。日本政府は戦争への恐怖をあおり、アメリカ・韓国と共同で日々軍備を増強している。

憲法の理念を骨抜きにし、メディアの協力で日本人の多くが軍備増強は必要だと考えている。黒部川電源開発が行われた時代と同じような歴史が日々増殖している。現在を「新しい戦前」と言う人もいる。戦争ではなく平和のつくりかたを学びたいと思う。

本文の繰り返しになるが、日本は近代化の過程で必要とした底辺労働を朝鮮から狩り出した労働者に担わせた。富山県内には一級河川が五水系あるがいずれも急流で頻繁に氾濫したため河川改修は必要不可欠だった。また、富山の産業化は、洪水を防ぎ、発電する電源開発抜きではあり得ず、豊富で安価、安定した品質の電力は、「土方（のかた）」と呼ばれた朝鮮人労働者の存在抜きでは語れない。県中央を流れる神通川は富山市街地で大きく蛇行し、毎年のように洪水を起こしていた。大正期から本格的に馳越工事を行い、廃川地を富岩運河の開削（一九三〇～一九三五）で出る土砂で埋め立て、埋立地で日満博を大々的に開催した。富山湾に至る運河沿いには、軍需工場や化学工場が一〇数社建ち並んだ。とくに機械工業は軍需工場の指定を受けて、企業は土地や技術、原材料を優先的、また安価に入手した。

さらに、日本人男性が兵役で職場を離れると労働力不足になり、朝鮮半島から労務動員した男性や小さな少女たちによって生産を維持した。女学校で勉強ができ、給料ももらえてお茶やお花も習え、腹いっぱいご飯を食べられるとだまして連れてきたのは、十二、十三歳の身長一四〇センチほどの朝鮮の少女たちだった。お腹は満たされることなく、二交代で一日一二時間もそれまで男性が担ってきた工場労働を強いられた。挙句の果てに給料も軍事郵便貯金も支払われていない。企業はこうして有利な条件で蓄財して戦後の発展の基礎を築いた。敗戦で一旦縮小した生産規模も、太平洋側の工場に比べて被害が小さかった富山の産業はいち早く回復、朝鮮戦争や高度経済成長期に生産規模を大きく伸ばした。

時間軸を現在に進めると、近年、炭鉱・鉱山や隧道で働いた人たちの塵肺が問題になっている。「一〇年もトンネル工事に携わっていれば、多くの人は塵肺になる」と聞く。隧道工事に携わった朝鮮人労働者も帰国後塵肺で苦しんでいたのだろうか。そう思っていた矢先、佐渡鉱山の労働者の塵肺が明らかになった。息がつまり、苦しむばかりで働くこともできず、生きて帰ったのに苦労するばかりだったと。日本による加害が帰国後の長い年月続いていたことにいまさらながら申し訳なく思う。


ふりかえれば、私には「黒三」に関心をもったいくつかのきっかけがあった。一つは、「黒四」ダム建設当時、父が建設用車両のタイヤの再生をしていたこと。自分の工場で再生できるものはトロッコに乗せて宇奈月に下ろして魚津まで持ってきていた。小学生の私の身長より大きな直径のタイヤで、私はその上でトランポリンのように遊ぶのが好きだった。父は黒部から帰ると、晩酌をしながらトロッコ電車のことや「黒四」建設のこと、「黒三」の工事でたくさんの人が亡くなったが、なかには朝鮮の人もいたと話してくれた。また、商売をしていたので朝鮮人の得意先もあり、母が「朝鮮人なのに正直でいい人だ」と言っているのを不思議に思いながら聞いていた。朝鮮人が日本に住んでいる理由を知ろうとする年齢でもなかった。

大学に入って、「在日」問題を知った。同じ日本で生きているのに、自分では選べない属性によって劣位に置かれ、(当時)健康保険も年金もないことが納得しがたかった。朝鮮民主主義人民共和国への帰還もまた日本の経済的負担を減らすための施策と知った。日本の朝鮮半島の植民地化や侵略戦争などの歴史を学んで、理不尽がまかり通ることを恥じた。

　卒業後富山に戻って少し余裕ができたころ、富山の「在日」コリアンの聞き取りをしようと思った。民団では、強制連行で来た人に話を聞きたいので紹介してもらいたいと話を切り出したので、「そういう人は戦後すぐに帰って、いないよ」と言われてすごすごと帰った。だがしばらくして、「一人だけ居たんだけど、年を取って国に帰りたいというんで、最近帰った。けやきという焼肉屋のおばあさんが電話を掛けてくれるから訪ねてみなさい」と連絡をもらった。お店に行くと、「ボケ《ママ》症状が進んできていたから、わかるかどうか…」と言いながら、店の奥で国際電話を掛けてもらった。何を話されたかわからなかった。その金龍得（日本名金田三郎）さんが残していった協和会会員章をもらった。

　仕方がないので、富山県立図書館で一九〇〇年代からの地方紙を繰り、朝鮮や朝鮮人に関する記事を探した。金泰燁の『抗日朝鮮人の証言』に出会ったのはこの頃である。一九九一年秋になって、桂書房から「黒部川電源開発と朝鮮人」というテーマで本を書かないかという話をもらい、此川純子さんと内田すえのさんに声を掛けて、『黒部・底方の声』を書くことになった。よく聞かれるので、書いておくことにする。

　『黒部・底方の声』の出版から三〇年以上になる。縁あって出会い、話を聞かせてもらった日本生まれの韓国人のおじいさんたちには、自分たちの歴史が文字になり、存在証明になったと喜んでいただいた。今回はそのことなどを書き加えたが、みなさん鬼籍に入られて読んでもらうことは叶わない。

　出版当時多くの反響をいただき、反響編『黒部のこだま』を作った。出版社に在庫がなくなってからは、直接本を求める電話があったり、図書館で借りて読んだと感想をいただいたりした。また、わざわざ遠方から会いに来てくださる方などもあった。おかげで、戦後補償問題に関わり続けることができた。

朴根貞さんの訪問がきっかけで再度「黒三」問題に取り組むことにしたが、まずは『黒部・底方の声』を共同執筆した他の二人の著者に感謝したい。その後も登山家、和田城司さんとの対話、美術家の風間サチコさんの作品、視覚障害者の方といっしょに作品を見に来た川内有緒さん、詩の形式で書いた短編小説「徴用工の幽霊」を送ってこられた方など、長期間にわたり読まれ続け、感想などをいただける幸運に恵まれた。さらに、昨年宇奈月町出身の杉本ますみさんと出会い、済州島調査では金昌厚先生、村上尚子さんに導かれた。谷口恵子さんには拙い文章を読み、励ましてもらった。底方の声を聴く心を持っている方が書ききれないほどたくさんいらっしゃることに勇気をもらった。この本は、韓国・日本、戦前・戦後を問わず、植民地責任や戦争責任を考え、平和を願う人々の希望によって生まれた。

二〇二三年五月　新緑の黒部奥山にて

三〇年以上前に刊行した『黒部・底方の声』の韓国語訳がこの夏に韓国で出版されます。待たれていた翻訳書です。日本と同じように三人の女性が翻訳したものですが、大変苦労されたと思います。三人に感謝します。

また、北日本放送は、私たちのフィールドワークを数年前から継続して取材してきましたが、この夏に番組として放送されます。取材中のインタビューによって、考えを広め、深めることができました。放送ジャーナリズムとしてどのような番組になるのか期待しています。

黒部川電源開発と富山県内朝鮮人労働運動年表

年	朝鮮人等関連事項	黒部川電源開発	富山県内労働運動
1910	・韓国併合		
1914	・第一次世界大戦		
1918		・立山村砂防工事で、171名の朝鮮人労働者が働く	・コメ騒動
1919	・3・1独立運動		
1920	・産米増殖計画		
1921		・飛越線着工	
1922		・東洋アルミナム黒部温泉設立 ・高峰譲吉死去 ・三日市—下立間鉄道開通	・共産党結党
1923	・朝鮮人労働者募集に関する件	・弥田蔵発電所完成 ・下立—桃原間鉄道開通	
1924		・柳河原発電所工事に着手	・相愛会細入村蟹寺で創立
1925		・宇奈月〜猫又間の軌道運転開始 ・蟹寺発電所完成	・在日本朝鮮人労働総同盟結成。相愛会富山支部は北陸朝鮮労働組合となる
1926		・旧黒部川第2発電所完成 ・蟹寺発電所運転開始	
1927		・柳河原発電所運転開始	・富山県白衣労働組合結成
1928	・朝鮮人労働者の渡航禁止		
1929	・朝鮮人労働者募集に関する件	・日電歩道完成	
1930	・昭和恐慌始まる		・第一ラミーストライキ
1931	・国立公園法 ・満州事変	・不況で開発工事中断 ・鍾釣ー小屋平間敷設	・県内第1回メーデー ・富山土木建築労働組合結成
1932			・富山土木建築労働組合再建
1933		・黒二発電所建設所工事着工	・全協系富山土建労組発会式を警察が襲撃。

年	朝鮮人等関連事項	黒部川電源開発	富山県内労働運動
1934	・朝鮮人移住対策の件公布 ・中部山岳国立公園指定		・富山内鮮労働親愛会結成
1935		・日電黒部川猫又発電所工事	・富山内鮮労働親愛会宇奈月支部結成。
1936	・皇国臣民ノ誓詞	・地鉄本線全線開通 ・猫又冬営開始 ・愛本発電所竣工 ・黒三発電所建設工事着工 ・黒二営業運転開始	・富山内鮮労働親愛会内部の「朝鮮新聞」頒布発覚
1937	・盧溝橋事件 ・国民精神総動員実施要項	・隧道工事志合谷まで完成 ・竪坑エレベーター完成 ・阿曽原―仙人谷間温泉湧出	・社会民衆党富山支部黒部班結成
1938	・国家総動員法	・佐藤組第一工区引き継ぐ ・志合谷雪崩事故	
1939	・国民徴用令公布 ・募集始まる ・創氏改名公布	・軌道隧道が完成	
1940		・阿曽原雪崩事故 ・黒三ダム完成、送電開始 ・佐藤工業天冷発電所工事受注	・富山県・協和会会員約4000名
1941	・国民勤労報国協力令 ・太平洋戦争開始	・日本発送電、柳河原、黒二、黒三発電所を承継	
1942	・官斡旋	・愛本変電所の完成	
1943	・中国人強制連行開始		
1944	・女子挺身勤労令		
1945	・国民勤労動員令 ・日本敗戦		

戦時富山の軍需工場

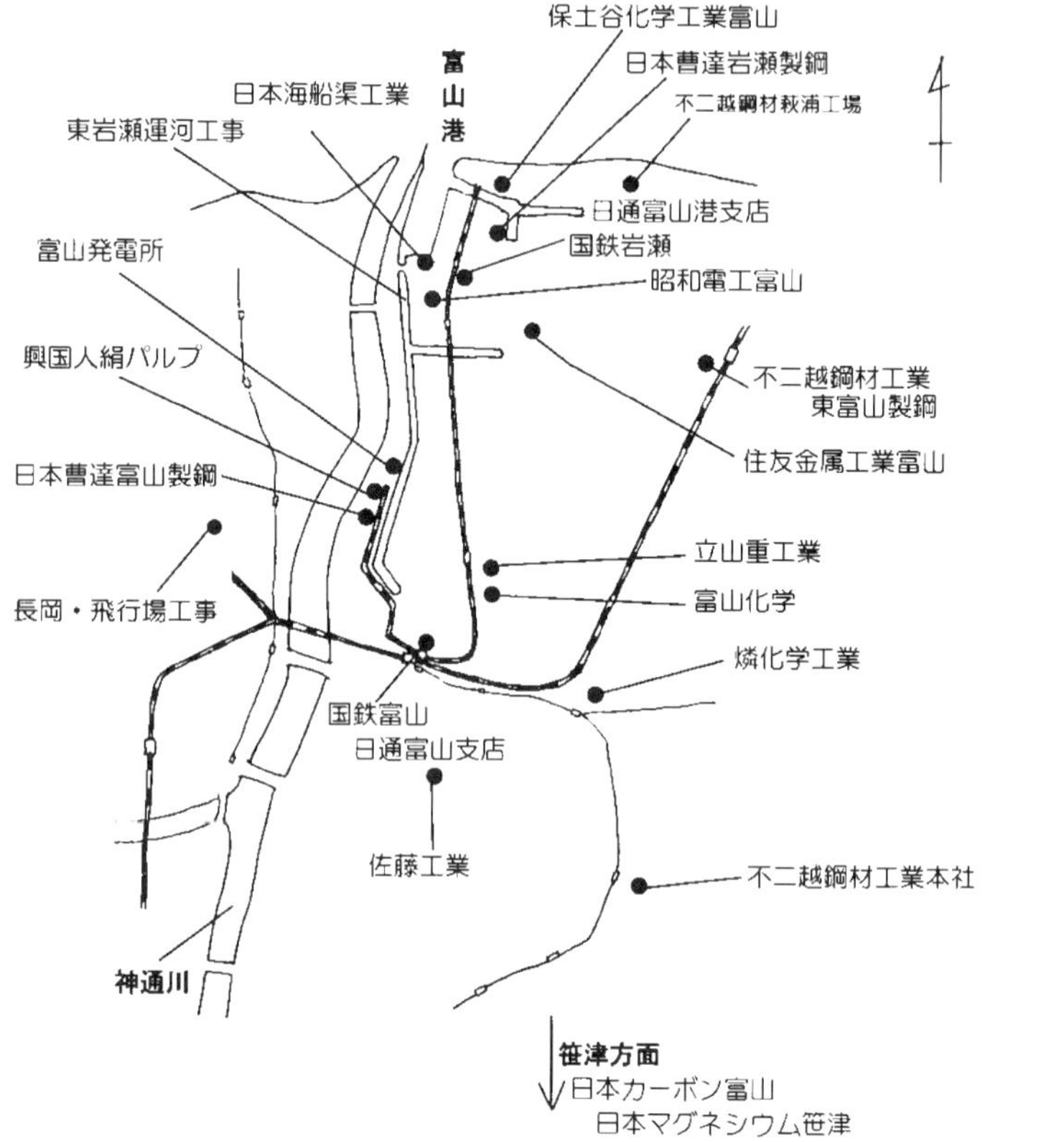

出典「富山市史通史下」

富山市内で軍需会社に指定された工場は、日本鋼管富山工場、帝国特殊製鋼高岡工場、日本曹達富山工場、同岩瀬工場、同高岡工場、日本マグネシウム富山工場、不二越鋼材工業富山工場、同東岩瀬工場、昭和電工富山工場、国産軽銀工業富山工場、住友金属工業富山工場、保土谷化学工業富山工場、立山重工業、日本海船渠工業、隣化学工業、富山化学工業などであった。この多くが機械工業であり、化学工業とともに富岩運河沿いに集中していた。

また、不二越鋼材工業は朝鮮女子勤労挺身隊の最大動員工場であり、県西部の三菱航空機製造の疎開工場にも朝鮮女子勤労挺身隊が動員されていた。

岩瀬地域では連合軍俘虜も工場で働いていた。

参考文献

井上江花『黒部山探検』高島商会　一九一〇
イム・チョル『別れの谷』三一書房　二〇一八
上野菊一『大正昭和の思い出』自刊　一九八三
内田・此川・堀江『黒部・底方の声』桂書房　一九九二
内山弘正『富山県戦前社会運動史』富山県戦前社会運動史刊行会　一九八三
宇奈月町史追録編纂委員会『追録宇奈月町史歴史偏』宇奈月町役場　一九八九
瓜生俊教『富山県警察史上・下』富山県警察本部　一九六五
奥田淳爾「黒部川水域の発電事業（一）（二）」『富山史壇』四八・四九号　一九七〇・一九七一
奥田淳爾「黒部奥山のモリブデン鉱」（『黒部川扇状地』第一六号　一九九一）
角幡唯輔『川の吐息　海のため息』桂書房　二〇〇六
黒部市美術館『風間サチコ展 コンクリート組曲』二〇一九
川瀬俊治『もうひとつの現代史 序説（朝鮮人労働者と「大日本帝国」）』ブレーンセンター　一九八七
関西電力『ほくりく』二一四号一八七六・二一五号一九七六・二三〇号一九七七・二三一号一九七七・二三二号一九
七七・二三三号一九七七
冠松次郎『劔岳』第一書房　一九二九
冠松次郎『山渓記』第三巻　一九六八
北日本新聞社『北日本新聞百年史』一九八四
中央協和会『協和写真画報』一九四一
玄基榮『順伊おばさん』新幹社　二〇一二
木本正次『黒部の太陽』信濃毎日新聞社　一九九二
強制連行の足跡をたどるin富山『草民譜』1～3自刊　一九九一～一九九二
金仁徳「相愛会と在日朝鮮人社会」（『日帝時期在日朝鮮人社会の形成と団体活動』民族問題研究所二九二三
金賛汀『雨の慟哭』岩波書店

金泰燁『抗日朝鮮人の証言』不二出版　一九八四
キム・スム『ひとり』三一書房　二〇一八
金昌厚『漢撃山へひまわりを』新幹社　二〇一〇
建設省北陸地方黒部工事事務所『黒部川のあゆみ』一九七七
済州島四・三事件四〇周年追悼記念講演集実行委員会『済州島四・三事件とは何か』一九八八
斎藤孝二郎『黒部川第三号発電工事余談』一九三九
斎藤勉『地下秘密工場』のんぶる社　一九九〇
在日朝鮮人運動史研究会「聞書き　朴広海氏労働運動について語る」『在日朝鮮人史研究』一九号　一九八九
佐藤工業『佐藤工業一一〇年のあゆみ』佐藤工業　一九七八
沢田純三「太平洋戦争下の雄神地下秘密工場について」『近代史研究』第一五号　一九九二年
清水弘「真説」・高熱隧道」『北海道地区自然災害科学資料センター報告』一九九二
新潮社『波』一九七〇　5・6号
杉木清「金さんからの手紙」『ほくりく』三三八号　関西電力　一九八六
竹内康人『戦時朝鮮人強制労働調査資料集　増補改訂版―連行先一覧・全国地図・死亡者名簿―』神戸学生青年センター出版部　二〇一五
立山博物館『特別企画展 宮様山へ―大正期登山ブームのなかの皇族登山』二〇一七
土木学会土木史研究委員会『図説 近代日本土木史』鹿島出版会　二〇二〇
富山県警察本部編『富山県警察史』上巻・下巻　富山県警察本部　一九六五
富山県庁『富山県史　通史編』近代上下　一九八一
富山史誌編纂委員会『富山市史』上下　富山市　一九七二
富山新聞『越中の群像』桂書房　一九八四
内務省警保局編『社会運動の状況』三一書房　一九七二
二十五年史編集委員会『関西電力二十五年史』　関西電力　一九七八
日本カーバイド工業株式会社社史編纂室編『三十年史』自刊　一九六八
新田次郎・吉村昭「対談」『波』5・6号　新潮社　一九七〇

花房俊雄・花房恵美子『関釜裁判がめざしたもの』白澤社　二〇二一
朴慶植『朝鮮人強制連行の記録』未来社　一九六五
朴慶植『在日朝鮮人関係資料集成』全五巻　三一書房　一九七五〜一九七六
朴慶植『在日朝鮮人運動史』三一書房　一九七九
樋口雄一『協和会』社会評論社　一九八六
樋口雄一『協和会関係資料集』Ⅰ〜Ⅳ　緑陰書房　一九九一
藤野豊『強制された健康』　吉川弘文堂　二〇〇〇
新田次郎『劒岳・点の記』
松本文雄『司令部偵察機』桂書房　二〇〇六
藤永壮「大阪地域における済州出身者　社会運動団体の活動について」『民族問題研究所学術会議資料』二〇二三
村上兵衛『黒部川』関西電力　一九八九
文芸春秋『吉村昭が伝えたかったこと』文芸春秋　二〇一三
文京洙『済州島四・三事件』岩波文庫　二〇一八
森田弘美『水力発電に夢を掛けた男たち』黒部川電力株式会社　二〇一五
吉村昭『高熱隧道』新潮社　一九七五
吉村昭『精神的季節』講談社　一九七二
蓬沢作次郎『故郷の山野に生きる』自刊　一九九一
和田城志『劒岳幻視行　山恋いの記』東京新聞　二〇一四年
和田城志『黒部幻視考・登山史詩抄』未刊

映像
関西電力『黒部をひらく』
北日本放送『空白戦史』一九九三

黒三ダムと朝鮮人労働者
―高熱隧道の向こうへ

二〇二三年七月一五日　初版第一刷発行
二〇二三年一〇月六日　初版第二刷発行
 ISBN978-4-86627-136-1

著　者　堀江 節子
発行者　勝山 敏一
発行所　桂書房
〒930-0103
富山市北代三六八三―一一
TEL ０７６（４３４）４６００
FAX ０７６（４３４）４６１７
印　刷　株式会社すがの印刷

地方小出版流通センター扱い

堀江節子（ほりえ・せつこ）
1948年、富山県生まれ。
桂書房を経て、フリーランス。
植民地責任・戦争責任問題、ジェンダー・障害者・外国人労働者・ハンセン病など、マイノリティの人権問題に関わる。
共著『黒部・底方の声』桂書房、『総曲輪物語－繁華街の記憶』桂書房、『人間であって人間でなかった』桂書房、『日本人になった婦人宣教師』桂書房
連絡先　set1@dream.email.ne.jp